視点を変える

仕事で成功する発想法

リッキービジネスソリューション株式会社
代表取締役
澁谷耕一著

一般社団法人**金融財政事情研究会**

はじめに

超高齢社会の到来や人口減少、グローバル競争の激化、大都市と地方との格差など、現在の日本は大きな変革期にあります。こうした環境のなか、人々の幸せの感じ方や物事の考え方も変わってきました。高度成長期における幸せとは「豊かになること」――〝物質的なモノ〟を求めていましたが、現在では「心の豊かさ」を幸せと感じるなど、多様な価値観が生まれています。

今日では、日本の借金である公的債務は1000兆円を超える一方で、高齢化による年金や医療・介護などの社会保障費はどんどんふくらんでいくという、非常に厳しい状況にあります。社会が危機的な状況にあるいうことに対して、私たちはそれをいち早く認識し、危機感をもつことが大切です。

何かに頼る時代は終わりました。国や大企業に依存するのではなく、自分で人生の経営計画を立て、自らをブランディングし、情報を発信する――自分自身が一人の自立した人間として生きて行けるだけの能力・心構えをもたなければなりません。

先日、下村博文文部科学大臣の勉強会で、「日本のいままでの教育において欠けていた〝3つの能力〟」というお話を伺いました。
（1）課題を発見し、主体的に解決できる能力
（2）無から有を生み出す創造力・クリエイティビティ
（3）他人の喜びや痛みに共感できる能力
「これからは、この〝3つの能力〟を身につけさせる学校教育をしていかなければいけない」と下村大臣はおっしゃっていました。

これらはビジネスの世界でもそのまま当てはまることだと思います。そして、筆者はこの〝3つの能力〟に加えて、あと〝2つの能力〟が必要なのではないかと申し上げました。それは次のとおりです。
（4）さまざまな情報を自分に関することとして認識する能力
（5）未来を予知する能力

いままでは教育というと、どれだけ知識をもっているかが重要視される、いわゆる「知識詰め込み型」でした。しかしこれからは、いま指摘した〝5つの能力〟を取得していかなければならない、というように変わっていくことでしょう。

デューク大学（アメリカ）の研究者であるキャシー・デビッドソン教授が2011年8月に「ニューヨークタイムズ紙」のインタビューで語った予測が話題になったことがあります。なんと「2030年には、現在ある仕事の65％は消滅している」というのです。

たしかに、筆者が子供の頃は近所に必ずあった八百屋や文具店も、いまではほとんどみられなくなりました。インターネットが普及し、ニュースや美味しいお店の情報も、新聞や雑誌ではなくスマートフォンで容易に手に入れることができます。さらに人工知能が発達して、人間とほとんど変わらない知能で、いままで人間がやっていたこともコンピューターにとってかわられるような時代が近づいているのです。

これは金融機関にも当てはまります。筆者も銀行員時代には、自分の勤めている銀行は永遠に存続するものと考えていました。しかし、現実にはどうでしょうか。20年前には13行もあった都市銀行が、現在ではたったの3行に再編されてしまいました。

支店をたくさんもっていることが金融機関の強みであった時代もありましたが、今日、銀行の支店に足を運ぶ人はどれくらいいるでしょうか。実際、筆者が金融機関の店舗に行くことはほとんどありません。コンビニATMやオンラインで、用がすべてすんでしまうからです。

さらに近年では、ICT分野の技術革新により新たな金融サービスを提供するFinTechが注目を集めています。送金はLINEやFacebookで簡単に、しかも手数料がほとんどかからずに行うことが可能となりました。他行にお金を振り込むのに送金手数料がかかることを考えると、オンラインで簡単に割勘定までできてしまうシステムさえあれば、ユーザーがどちらを選ぶかは想像にかたくありません。

事業が縮小する、または経営が統合されるということは、端的にいえば、誰かが職を失うということです。自治体や大企業の職員という立場から1歩外へ出た時、1人で生きていける能力を備えていなければ、生き残れません。そしてこれからは、企業においても先の5つの能力を備えた人たちの集団でないと、このグローバル競争を勝ち抜くことはできないと思うのです。

14年前に筆者は妻を亡くしましたが、それまで筆者は「自分の力で生きている」と考えていました。ところが、子育てのためにそれまで勤めていた銀行を退職し、自分で仕事を始めてみて、自分は多くの方々の支援や協力によって仕事をすることができ、「生かされている」のだということにはじめて気づき、考え方が大きく変わりました。

現在、アベノミクスの成長戦略のなかで「地方創生」が大きく叫ばれています。地方に住んでいると当たり前に思える景色や食べ物でも、都会の人からみると、それは大変魅力的なものに感じられます。このように別の角度から物事をみてみるという「多面的な視点」が、地域活性化のためにも必要なのではないでしょうか。

同様に、自分自身を違った視点からみることで、弱みだと思っていることが実は強みだったり、逆に強みと思っていたことが弱みだったりするなど、再発見することがたくさんあることでしょう。大企業に就職して定年までやっていけるという「安定」も、違った目でみると、もしかしたら「独立して生きていくための能力や機会を奪っている」のかもしれないのです。

本書では、さまざまなケースにおいて多面的にその事実というものをとらえ、これからのグローバル社会に必要な「5つの能力」を身につけていただきたいという想いで執筆しました。この本を手にとってくださった皆様が、この世の中を力強く生き抜いていくための一助となれば幸いです。

最後に、出版にあたり、一般社団法人金融財政事情研究会出版部の伊藤洋悟様、ライターの馬場千恵様には大変お世話になりました。お二人に心より御礼を申し上げます。

2015年7月

リッキービジネスソリューション株式会社

代表取締役　**澁谷　耕一**

目　次

第1章 「ないことに基準を置く」とは？

第2章　行動の指針

第3章　自分をブランディングしよう！

第４章　新しい働き方を始めよう

第5章　男女が助け合って生きていく

第1章

「ないことに基準を置く」とは？

厳しい現実が着々と近づいている

いま、日本という社会は非常に厳しい状況に置かれているといって過言ではありません。日本を取り巻く世界情勢はもちろん、国内でも経済問題、少子高齢化問題などが山積みで、まさに待ったなしなのです。

ところが、この大変な状況に危機感をもつ人が少ないという事実があります。

筆者は1年を通じて、全国で講演会や研修などを多数行っていますが、その場で感じるのは日本人の理解不足です。たとえば先日の講演で、聴衆の方々に「さて、去年、日本の人口は何人減ったでしょうか?」と質問をすると、「え、日本の人口は減っているのですか?」と驚く人がいます。また、「日本の税収はいくらですか?」「GDPはいくらですか?」「日本の公的債務はいくらですか?」と質問しても答がわからない。海外の人たちは政府の膨大な金額の債務について、「日本は本当に大丈夫か」と心配しているのですが、日本人自身はあまり問題意識をもっていないのです。

しかし筆者はぜひ、皆さんに自分たちの置かれた環境、直面している状況について、もっともっと理解を深めてほしいのです。

２０１４年に日本の人口は26万人減っています。神奈川県厚木市は人口25万人なので、市が１つなくなる以上のインパクトです。今後１００年で日本の人口は半分になり、６０００万人減ると予測されていて、年間60万人減少というスピードで日本を揺さぶってきます。現在、地方自治体は１８００ありますが、その半数はあと25年で消滅するといわれています。なぜなら20～30代の女性が減少するので、子どもを産んでくれる女性の絶対数が減るからです。

これらの事実をふまえて、本来、若い世代を中心に社会保障、介護、福祉などを真剣に考えないといけないのですが、大半の方々は危機感をほとんど感じていません。しかし着実に社会状況はむずかしくなっています。

筆者は先日、ちょっと体調を崩して、近所の総合病院に行きました。朝９時の予約をとり、９時に待合室に入り、11時半まで待っても順番が来ません。「すみません、あと何人待ちますか？」と聞いたら、「あと６人です」といわれ、その日は午後から予定があったので、結局、診てもらうことができなかったのです。

9時に予約していても、もっと前から来ていなければ順番がとれないことに初めて気がつき、どうしたら診察をしてもらえるのか考えました。他の人たちは朝7時半から並んでいると聞き、筆者も後日、7時半に病院に行ってみたのです。するとすでに20人くらいのおじいさん、おばあさんが行列し、予約の順番をとる整理券をもらっています。日本にはそれだけの高齢者がいて、皆さんが病院の予約をとるのに苦労しているのです。

2025年には団塊の世代の人たちが75歳以上になりますから、いったい病院の状況はどうなっていくのでしょう。やはり人間は70歳くらいを超えると、だいたいどこか悪いところが出てくるものです。高血圧、糖尿病、骨粗鬆症、認知症など、誰にとっても他人ごとではない症状です。すると私たちは当たり前のように病院に行きますが、診察してもらいたくても、手術してもらいたくても、満杯で受け入れてもらえないということになりかねないのです。

すでにこの状況は始まっているので、5年後、10年後はいったいどういうかたちになっているのか、想像すると恐ろしくなるくらいです。緊急手術が必要な状態であっても「差額ベッド代が出せなければ、入院は1年待ちですよ」などといわれる可能性が大いにあるのです。

日本国の借金も１０００兆円を超え、増加の一途をたどっています。日本には預貯金があるから大丈夫だという説もありますが、これからは高齢者が預貯金を取り崩していく時代ですし、今後、消費税もさらにアップするでしょう。社会保障費も30兆円を超えて、どんどん増えていきます。あらゆる意味で、私たちはじわりじわりと生活の重圧を感じるようになるのです。

だからこそ、政治や経済にもっと関心をもち、日本の課題をどう解決するのか、世の中をどうよくしていったらいいのか、自立して生きていくにはどうしたらいいのか――そこをしっかりと考えていく必要が非常に高まっているのです。

銀行員も公務員も安心していられない時代

筆者は長年、地方銀行とのネットワークを築いて仕事をしていますから、金融関係の現状にも少し触れておきましょう。

昨年、金融庁が地方銀行に対して、5年後、10年後にあなたの地域がどうなるのかを予測し、どういうかたちで利益を上げていくのか、ビジネスモデルを考えなさいという問いを投げかけました。このまま人口が減っていけば、当然、地域経済も縮小していきます。企業はもちろん、個人もいなくなって、税収も上がらないし、金融機関の経営も成り立たなくなるのです。

また、地方に住む人が70、80歳代になって亡くなると、預貯金や土地・家などが残されます。

家については、いったい誰が住むのかという問題があります。現在、日本には320万戸の空き家があり、首都圏の神奈川県でも全家屋の14%は空き家という状況で、住む人のいない家の問題が大きいのです。預金については、相続した子どもたちの多くは大都市に住んでいるので、地方銀行に預けたままにせず、メガバンクに移してしまうでしょう。地方の銀行にあった預金がどんどん東京などの大都市に吸い上げられてしまうのです。

こういう時代に地方銀行や信用金庫はどうやって生き残っていくのか、という問題を厳しく突きつけられるのです。

1つの解決方法としては合併・経営統合です。2014年11月、横浜銀行と東日本銀行が、そして九州では鹿児島銀行と肥後銀行が経営統合に向けて動いているという報道がありました。合併・経営統合ということは、2つある部署が1つになるということなので、多すぎる職員を減らそうという動きになるのは間違いありません。いったん銀行に入ったら、大きな問題を起こさない限り、65歳の定年までずっとそこで働けるという保証が本当にあるのでしょうか。

地方自治体でも同様です。このまま人口が減り続ければ、道州制という話も必ず出てくるでしょう。すると職員や議員などに支払っている膨大な人件費や手当を削減しようということにもなるし、公務員の人数も減らしていくでしょう。地方の行政機関に入ったら、定年まで安泰だと思っていて、本当に大丈夫でしょうか。

日本はこの先、5年、10年で大きな社会変化が必ず来ます。どこかで無意識に国に頼り、「きっと何とかなるだろう」とのんびりした気持ちでいると、非常に厳しい生活になる可能性もあるのです。日本社会の現実を直視すれば、「何ともならない」という事実に気づくはずです。

そして「自分の身は自分で守る」という世界共通の価値観を元に、私たち自身もしっかりと備えなければならない時代です。そのために自分の経営計画を立て、自分をブランディングし、勉強したり、自己投資をする。そういうことが非常に重要になってくるのです。

今後の日本社会の姿

成熟経済に入った日本は今後、どんな社会になっていくのか。それを想像すると、やはり高度成長期とは違った姿になるはずです。

いま、定年を迎えるような世代から50代くらいまでの人々は「よい大学に入り、よい会社に入り、定年まで勤めることが幸せだ」と思ってやってきました。

しかし、それよりも下の世代は、異なる価値観で幸福を定義しているように思うのです。よい大学に入った人ほど幸せになり、学歴のない人は幸せになれないということではなく、個人の価値観で幸せのあり方を決定してしまうのです。たとえば大企業に入って、豊かに守られた暮らしを目指すのではなく、アフリカに行って、現地で孤児院をつくるということに生き甲斐を感じている若い日本人もいます。たくさんお金を稼げなくても自分は幸せだと感じたら、それが幸せの姿なのです。まさに人それぞれになっていきます。

また現実的に、大学を卒業してもよい会社に入れる保証はないのですから、無理して大学進学をしなくてもいい。専門学校に行って、若いうちからさまざまな技量を身につけるという方法もあります。

こういう現象を考えるとき、筆者は江戸時代の日本の社会が脳裏に浮かんできます。ご存知のように江戸時代は現在のような社会保障制度はありませんから、自分の力で稼ぎ、生計を立てます。裕福な家に生まれれば、またようすも異なるでしょうが、基本的には自分の暮らしは自分で立てる。そして当時は桶をつくる職人がいたり、寿司職人、漆塗り職人など、いろいろな技能をもった人たちが社会を形成していました。自分の得意分野で腕を磨き、その道の専門家として生きていく。いわば職人文化です。

現代社会では、会社に入ったとしても、その人が個人的にもっている技量・技能を要求されていく時代ではないでしょうか。いつ会社を辞めても大丈夫だと思えるように自分の能力を高め、個性化し、個人の力で生きていく。そういう時代が目の前に来ているように思うのです。

視点・発想・考え方を変える

もちろん、この本を手にとってくださった方々の多くは、日本の社会状況に気づき、危機感をもっておられるでしょう。とはいえ、一方で日々の業務や生活に追われて、先のことまで考えられないという現実もあります。

それでも私たちは、「いま、できることは何か？」を考え、「稼ぐ力」を高めるために知識や経験を増やす行動をとらなければなりません。企業でも個人でも、「まず、やろう」と思えることをすぐに始める必要があるのです。

ところが実際には、なかなか新しい発想をもつことはむずかしい。それどころか、人間というものは元来、「変わらない」存在でもあるのです。なぜなら、自分が考えていること、やっていることは正しいと信じているし、自分の視点は正しいと思っているからです。

しかし現実というものは多面的で、自分が100％正しいということはありえないのです。たとえば正面からみたら台形にみえる物体でも、上からみたら真四角にみえる。視点によって、次々と変化していく。それが社会というものだと思います。そして多くの人も理屈のうえでは「社会は多面的だ」と思っているでしょう。でも、簡単には自分の視点から離れることができません。自分の生き方は正しい、自分の視点は正しい、自分の考え方は正しいと思っているので、他人から「それは間違っている」「こうしたほうがいいよ」といわれても受け入れられないのです。

人は年をとればとるほど、自分の視点が強化され、「自分はこれで生きてきた」「自分はこのやり方で仕事をしてきた」という観念が強くなりますから、いよいよ変化がむずかしくなります。他人からどれだけアドバイスされても、まったく変わることができない。そういう人が少なくないのです。

その一方で、社会状況は容赦なく変化し、働き方や生き方もどんどん変えていかないといけない。自分の視点に固執している人は、そういった時代の流れにあわなくなり、よかれと思ってやったことが、相手にすればうれしくないこと、喜べないこと、場合によっては迷惑なことだったりもするのです。その結果、自分自身も非常に仕事がしにくいし、生きづらい。人間関係でもギクシャクしてしまいます。

解決のための方程式は1つしかありません。「変える」ということです。視点を変える。発想を変える。考え方を変える——。これをやり続けられれば、新しい自分を発見できるのです。

「謙虚」こそ自分を変える方法

では、この方程式を自分のものとする方法はあるのでしょうか。「人は変わらない」という観点からみると、実践は非常にむずかしいように思えます。しかし、これを身につける最強の発想法があります。それは「謙虚」ということです。

謙虚とは何か。辞書をみると「へりくだって、素直に相手の意見などを受け入れること」とありますが、さらに進んで考えると「自分は世の中に何十年も生きてきたけれど、何もわかっていない、何も知らない」と思うことになるでしょう。自分は何もわかっていないと徹底して自覚すれば、自然と謙虚な姿勢になり、他人の考え方や視点を素直に受け入れられます。

筆者自身は、自分の会社で20代の若い社員の話をじっくり聞くようにしています。すると「澁谷さんは私たちの話をよく聞いてくれるからうれしい」といってもらえる。しかし彼らの話を聞かないという発想が、筆者にすれば不思議なのです。自分と同性・同年代の人の意見というのは、だいたい似通っている傾向があり、あまり新鮮味は感じません。しかし自分の子どもくらいの年齢の社員は違った発想をもっているものですし、なかにはよい意見もあります。そういうものを取り入れることができれば、ビジネスもうまくいく。これは、とても大事な行動なのです。

長く仕事を続けて自分のやり方があったとしても、謙虚な気持ちさえあれば、変化し続けることができます。「こういうやり方のほうがいいのでは？」と指摘されれば、自分流のノウハウにしがみつくことなく素直に受け入れ、仕事のやり方を変えていくことが可能です。「自分にはアイデアがない。それなら他の人の意見を尊重しよう」という発想になり、たとえ年下の人でも、部下であっても、その人の考え方を大切にするので、相手はモチベーションも上がるし、いきいきとしてきます。「私のいったとおりにやりなさい」という押しつけがありませんから、互いに心を開くことができるのです。

仕事やプライベートでうまくいかないことがあって悩みが出てきたら、「謙虚」という言葉を思い出すと、自分を変えるきっかけになります。プライドや過去の実績を忘れて、とことん謙虚な姿勢で周囲をみてみると、きっと何かを発見できるでしょう。「謙虚になる」という処方箋を知っておくと、とても心強いのです。

ないことに基準を置く

この「謙虚」という姿勢を能動的に行動の根本に据えると、より自分を磨くことができるように思います。そのとき、筆者が大切にしているのは「ないことに基準を置く」という発想法です。

「ないことに基準を置く」とは、何に対しても「本来はないのが当たり前」ととらえて、すべてのことに対して謙虚に対応していくという方法です。

ここで、人の心のあり方を表現する方程式をみていきましょう。

「叶えたい欲求や願望」－「現実」＝「ストレス」

誰もが「こんな自分になりたい」「こんな仕事をしたい」「こんなものがほしい」など、さまざまな欲求や願望を心に抱いていると思います。しかし現実は厳しく、そう簡単に願いが叶うわけがありません。思いどおりにならない出来事の連続ですから、「やっぱりダメなんだ」とがっくりする。つまり理想の値から現実を引くと、そこに残るのは「ストレス」というわけです。多くの人はこの落差に落ち込んだり、打ちのめされたりするのです。

しかし最初から自分のなかに「叶えたい欲求や願望」がゼロだったらどうでしょうか。

「叶えたい欲求や願望＝0」－「現実」＝「ストレス＝0」

この方程式に当てはめれば、最初から欲求や願望がない人の場合、「現実」を引き算しても、ストレスは生じません。イライラしたり、苦しんだりする必要がないのです。「たしかに理屈ではそうです。でも、欲求や願望をなくすことはできません」という声はしばしば耳にします。しかし、これは考え方、頭の切り替え方次第で、いくらでもコントロールできます。

そのために大事なのが「ないことに基準を置く」という考え方なのです。

たとえば一生懸命に営業をしているのに、なかなか買ってもらえない。やっとアポイントがとれても、冷たくあしらわれる。こういうときは誰でも落ち込んで、ストレスを感じるでしょう。「こんないいものなのに、なんで契約しないんだ！」「こんなに頑張っているのに、なぜわかってくれないんだ！」と怒りが湧いてくる場合すらあるのです。

しかし、そもそも「買ってもらえないのが当たり前」と思ったらどうでしょうか。「買ってもらえないのが当然なのに、この人はわざわざ自分のために時間をとって、会ってくれたのだ」と感じて、すぐに感謝の気持ちが湧いてきます。もし買ってもらえたら、どれだけうれしいことか。「ありがとうございます」という言葉が自然とあふれてくるのではないでしょうか。

そもそも「仕事はないのが当たり前」と思っていたら、どうでしょう。どんな仕事でも頼まれれば、「こんな自分でも仕事の依頼をもらえるのだ」と感謝でいっぱいになります。筆者は起業した当初、知り合いの経営者に電話をかけて面会を申し込んでも、まったく相手にされませんでした。アポイントがとれて先方の会社を訪ねても、30分、1時間と待たされることも当たり前。普通なら心がすっかりくじけてしまいます。

しかし「ないことに基準を置く」ことを身につければ、心はすぐに切り替わります。どの人も忙しいのだから、会ってくれないのが当たり前ですし、誰からも電話がかかってこなくても当然です。電話は自分からかけるものなのです。

人に求めない、期待しない

また私たちが抱えるストレスの多くは、人に対して期待するところから生じています。

「どうしてあの人はやってくれないのか?」「こんなに期待しているのに、どうして応えてくれないのか？」と思えば思うほど、イライラが増大し、相手に対して高圧的になったり、命令口調になるのです。「なんでやらないんだ！」と怒りの感情を出した途端、人はあなたから離れていきます。

しかし「ないことに基準を置く」ことができればどうでしょうか。

人に何かをやってもらいたいと望むのではなく、どの人も忙しいのだから「やってくれないのが当たり前」と思った途端、心のなかのストレスはスッと消え去るのです。普通、他人が自分のことをサポートしてくれるはずはないのですから、ちょっとでも助けてもらったら、感謝の心でいっぱいになります。たとえば仕事の打合せをするにしても、「忙しいのに、よく時間をつくって会いに来てくれた。本当にありがたい！」と心から感謝できるので、その気持ちは相手に必ず伝わり、お互いに清々しい気持ちになれるでしょう。「ありがとう」「よく頑張ってくれて助かった」と喜んだり、褒めたりしたら、人はどんどん動いてくれるものなのです。

筆者の経営するリッキービジネスソリューション（株）でも、仕事をサポートしてくれる社員にはいつも感謝しています。当社のようなベンチャー企業で働いてくれるなどということは、普通ならありえないのですから。

家庭生活でも同様です。「家事など、手伝ってくれないのが当たり前」と思っていれば、家族の誰かがちょっと手助けしてくれただけで、感謝の気持ちでいっぱいになります。

心からの感謝の気持ちというのは、間違いなく相手に伝わります。すると相手の心をも動かして、あなたを信用しよう、信頼しよう、助けてあげようと思ってくれるものなのです。どんな会社でも組織でも、そして家庭でも、人間同士の協力なしにはうまくいきません。その基本になる考え方が「ないことに基準を置く」ということなのです。

周囲にサポートしてもらえる存在になる方法

「ないことに基準を置く」ことができれば、自分を取り巻く人間関係も非常にスムーズになります。このことは、日本社会で生きていくうえで非常に大きな力になるのです。

これまでも書いてきたように、今後の日本社会は非常に厳しく、失業もあるでしょうし、いままでやったことのない部署にポンと入れられる可能性もあります。また、リスクのある仕事をしないといけないかもしれないし、自営業でやっていかなければならないかもしれない。まさに日々戦いですから、いろいろなストレスにさらされるし、そういうなかで誰もが懸命に生きていかなければならないのです。

そのときに考えなければならないのは、「人は1人では生きていけない」ということです。

私たちは生まれたときから誰かに母乳やミルクをもらい、世話をしてもらって大きくなります。食事をさせてもらい、身の回りを世話してもらい、教育を授けられ、その後もずっと支援され続けています。長期的な自己の成長・発展・利益を考えたとき、他人からのサポートは絶対に必要です。このことは、おそらくどんな人でも納得できる事実ですし、実際、人は一人ぼっちで生きていくことはできません。

それでは自分にとって、ぜひとも必要な他人からの支援・サポートは、どうやったら受けやすい状態になるのでしょうか。

「私をサポートしてくれ。支援してくれ！」と声高に主張しても、おそらくうまくいかないと思います。こんなに頑張っているのだから「協力してくれよ」といっても周囲は動かず、自分が軽視されたような気がして、気力も落ちてしまうでしょう。人は強制された途端、去っていってしまうものです。また誰かと付き合うとき、「相手を利用しよう」「相手から何かを得よう」という気持ちでいる人と、友人関係を持続したいと思うでしょうか。そういう下心がみえた途端、たいていの人は心が冷めてしまうと思います。

ぜひ思い出してほしいのが「北風と太陽」の物語です。

北風をピューピューと吹かせて、「やってくれ、なぜやってくれないのだ！」と叫んでも、人々はコートの襟を立てて、よりかたくなになってしまいます。「あいつは自分のことだけを考える人間だ」と誤解されてしまうかもしれません。

それでは反対に太陽を燦々と照らしてみましょう。方法は簡単です。自分が困っているから支援を頼むのではなく、まず人が困っているのを見つけて、自分が支援しようというところから始めるのです。

相手が何かで困っていれば、解決に役立つ情報を与える。できる限りの支援をする。相手の能力を褒めて自信をもってもらう。その時々、自分ができることをまず相手にやってあげるのです。そういうときのサポートほど、相手の心に響くものはありません。確実に信頼関係が築けるうえ、相手は感謝の気持ちをもってくれますし、「自分も何かやってあげたい」と思うものです。〝Give and Given〟（拙著『経営者心理学入門』１８７頁（金融財政事情研究会、２０１１年４月）参照）を人付合いの基本と考えましょう。

人に期待しない。人に求めない。まず自分から動き、自分が与えることで信頼関係が深まれば、後で必ず返してくれる。その結果、支援・サポートを受けやすい自分になれるのです。イライラしながら北風を吹かして、ストレスをためる時間があるなら、まずは自分から行動する。それが最も重要な秘訣なのです。

人に対して「関心」をもつ

人が困っているようすをみて解決方法を考えたり、支援したりしようというとき、自分の心のなかに絶対必要なものがあります。それは相手に対する「関心」です。人に関心がなければ、その人の状況は理解できませんし、他人そのものにも目が向かないでしょう。しかし「関心をもつことが大事」ということを言葉としてわかっていても、現実をみると実践している人は少ないものです。周囲をみると、「関心欠如社会」になっているのではないかと感じることがよくあります。

仕事の現場などはまさに典型的で、営業をやっている人なら、まずは自分の成績がいちばん。どこに行けば売り込めるのか、誰だったら契約してくれるのか――。営業の目標を達成することがすごく立派な仕事で、それができれば成功だと思い込んでいるのです。そのためなら人を利用することもありますし、普段から獲物を探すような目で周囲の人間をみています。まさに「関心」の方向が自分だけを向いているのです。会社のなかにいたら、それが当たり前になって、疑問をもつことも少ないかもしれません。

筆者がコンサルティングの現場で出会う社長の方々ですら、例外ではありません。筆者のオフィスに来て、経営の悩みを話されるのですが、じっと拝聴していて、最後に筆者はこんな風にいうのです。「社長は自分の話ばかりされています。社長のお客様についての話はないのですか？」と。

お客様に喜んでもらうにはどうしたらいいのか、という質問なら建設的ですが、自分がこうしたい、ああしたいという話題だけでは、いつかビジネスはうまくいかなくなります。かつての高度成長時代なら、自分にだけ関心をもち、売上至上主義でも、それなりに結果が出たのです。しかし成熟経済になった今日、その手法は通用しません。相手が喜んでくれて、感謝してくれて、そこでようやく相手が「この人のために、何かしてあげよう」と思う。そこから初めてビジネスがスタートするのです。

自分にばかり目を向けるのではなく、まず相手に関心をもつ。それが結局は自分にとっての幸せにもつながるのです。

関心のスタートは好奇心から

マザー・テレサは「愛の反対語は憎悪ではなく、無関心だ」とおっしゃいましたが、まさにそのとおりだと思います。

相手に対して憎しみの感情を抱くというのは、関心があるからこそ。場合によっては、大嫌いだった相手が大好きになるかもしれません。一方、道端に倒れて死にそうな人に関心を向けず、知らん顔をして通り過ぎる人がいれば、こんなに冷たい心はないでしょう。人に対して無関心でいると、そこから先はどこにも行けません。自分自身の成長もむずかしいのではないでしょうか。

前述したように、ビジネスはもちろん、人生において成功するために必要なことは、相手への関心です。では人に対して関心をもつにはどうしたらいいかというと、意外と「好き」という感情が重要になってきます。

たとえば山が好きな人は、自然と山に関心をもち、誰に頼まれたわけでもなく道具を買いそろえて山歩きを始めるかもしれません。サッカーが好きなら、寒い季節でも観戦に行くでしょう。「好き」だと思うと、多少の困難は簡単に乗り越え、次々と行動を起こせるのです。

人への関心をもつには、相手を好きになるのが近道です。気になる異性に対してなら、いくらでも関心をもてるでしょう。人好きな性格なら、自然と人に興味が湧きますから、相手の内面にどんどん入っていくことができます。しかし人付合いが苦手だったり、過去に辛い思いがあったりすると、躊躇する気持ちが生まれて、簡単には人を好きにならないかもしれません。ビジネスで付き合っている人に、「好き」という感情をもちにくいこともあるでしょう。そういう場合には好きになるような工夫をする必要があります。

「好き」という感情のなかには、必ず「好奇心」が存在します。

「私はこういう世界で生きてきて、こういう仕事をしてきたが、周囲を見回すと自分とはまったく異なる経験をもつ人がいる」という状況は少なくないと思います。仕事の専門が違う、自分がよく知らない分野について非常に詳しい等々、「好奇心」が生まれる環境は無数に存在します。歴史に詳しい人から、歴史の話を聞いたら、さぞ楽しいのではないでしょうか。１人の人間の生活範囲、知識範囲などは所詮、限られていますから、好奇心さえあれば、関心が生まれ、「好き」という感情が育まれるのです。

「好奇心」とは関心の方向を探るアンテナのようなものですから、とても大事です。「自分はもうこれでいい、特に新しい刺激は必要ない」などと怠ける気持ちが出てくると、「好奇心」のアンテナがどんどん鈍ります。ぜひ新しい人に会って、好奇心を刺激し、自分の世界を広げましょう。それがビジネスで成功する発想法であり、人生を楽しく、いきいきさせる方法でもあるのです。

皆で協力する創造的ソリューションが必要な時代

現代の日本社会はますます高度化していて、あらゆる課題や問題のあり方が複雑になっています。したがって解決方法も簡単ではなく、おそらく１人の人間が自分だけの発想で何とかしようとしても、限界があるのではないでしょうか。

たとえば医学界では手術が非常に高度化していますから、手術室には外科医・麻酔医など何人もの医師がいて、それぞれの専門分野で協力しあっています。一般の社会でも、それぞれに専門性や強みをもった人たちが集まり、補完しあっていくことで、創造的ソリューションが可能になります。いわれたことだけをやるのではなく、自分の頭で考え、自分で解決できる人、創造的ソリューションに向けてのアイデアが出せる人が必要です。また女性のもつ企画力・発想力というのは非常に豊かですから、今後は女性にも、どんどん活躍していただかなければなりません。

このとき、自分のなかで何の強みもなければ、チームに参加できませんから、やはり専門性を高める、強みをもつということが基本になってきます。

そして専門性以上に大切なのが、その人の心のあり方です。

ソリューションチームに入ったものの、「僕はこういうやり方でないとだめだ」「これをやったらいくらもらえるのか」など自分の利益を追求し始めると、メンバーとして活動を続けていくことは無理でしょう。問題を解決するうえで必要なのは、損得を超えた献身的な相互協力です。皆のことを考えて、献身的に活動することで、「あの人なら大丈夫だ」という安心感がチームのなかに育まれます。そういう経験を通じてプロジェクトチームが組まれていくので、人と人とのかかわりは決して短期的なものではありません。中長期的な人間関係をふまえてこそ、創造的ソリューションにつながるのです。

チームをつくるとき、数年以上の付合いがある仲間や友人を集めることができれば理想的です。気心が知れていますし、相手に対して信頼感があるので、トラブルも起きにくいのです。

しかし、より広い分野から人を集めるとなると「紹介」という方法を使うとスピーディーです。長年の付合いがあり、尊敬する人から紹介された人材なら安心して仕事ができます。信頼する人たちの友達は自分の友達と同様なのです。そういう意味でも人の輪は重要です。常に人付合いは丁寧に、大切に続けていくことが、より必要になってくるのです。

人間は「人の役に立ちたい」という遺伝子をもっている

「感謝すること」が非常に大切だということを、筆者は以前の著書『感謝する力』（金融財政事情研究会、２０１２年10月）でも書いてきました。「ないことに基準を置く」という発想をもち続け、人に感謝し、人に喜ばれることをする。こういう基本的な考え方をもてば、その人は絶対に成功します。ひたすら自分のことだけを考え、自分の実績だけ追求する人と比べて、どちらが仕事で、そして人生で成功するかというと、結果は明らかでしょう。

営業実績だけを追求し、目先の利益を得ることが自分に課せられた社会的使命だと思ったら、それは大きな勘違いですし、井の中の蛙です。会社組織のなかにいると、数字を出せば褒められるし、給料も上がりますから「よいことをやっている」という認識になるかもしれません。でも、それが本当に社会全体をよくしているでしょうか。今後、よりむずかしい日本の舵取りをしていくうえでも、また、いきいきとした社会をつくり、その一員として幸福な人生を送るためにも、もっと中長期的な発想で行動をとらなければならないと思うのです。

一方で人は弱い生き物ですから、「まず自分が幸せになりたい」という欲求が強いのもわかります。大失敗をしたり、大きな試練に立ったりすると、はじめて人のありがたさを実感し、成長すると思いますが、そうした機会を自らつくるわけにはいきません。そもそも人に感謝し、人に喜ばれることを率先して行うというのは、ある程度、高い精神性が求められるのです。

とはいえ、筆者のような普通の人間にも、そして読者の方々にも大きなチャンスがあります。人間の身体のなかには「誰かの役に立ちたい」と思う遺伝子がそもそも組み込まれていると思うのです。

たとえば「食事の支度をする」というごく普通の場面で、多くの人はこんな経験をしていませんか？　大切な子どもたちに食べさせる、あるいは人を招いている場合など、いつもの家庭料理でも気合いを入れて、ちゃんとつくろうと思います。ところが自分１人だったら、「まあ適当でいいや」という気分になって、自然とクオリティーが落ちてしまう。誰かのためなら頑張れるのに、自分だけのためだとモチベーションが上がらないのです。

人間は一人ひとりだと、とても弱い存在ですから、昔から助けあって厳しい環境を生き延びてきました。私たちの先祖が狩猟を生業にしていた頃でも、大型の動物を相手に1対1では到底かないません。肉体的弱点を知性とコミュニケーションの力で補い、皆で狩りを成功させたのだと思います。

人の役に立つ、お互いの役に立つ行動を本能的にとってしまう。誰もが身体にもっている、この素晴らしい遺伝子を素直に解放して、人を幸せにすることを日常にしてしまうといいのです。「目的は人を喜ばせること」という基本的な考え方で仕事をすれば、アイデアが自然と湧き出てきて、創造的ソリューションが生まれ、結果的に必ず実績が上がるのですから。

第２章

行動の指針

第1章では、今後の考え方の指針として「ないことに基準を置く」ことを中心に述べてきました。そこで第2章では、より具体的な日常生活に落とし込み、日々の行動のなかで、いかにして自分を育てていくのかを考えたいと思います。

その際、ただ、なんとなく今日を過ごすのではなく、しっかりと自覚して必要な選択をしていくと、自分がより成長していくのを実感できると思います。ここで紹介している行動の指針は、筆者自身も実践していることばかりです。

(1) 「自分を見つける」方法とは?

「自分探し」はしない

どんな人でも、自分の未来は決して事前に知ることはできません。当然、不安な気持ちになるときもありますし、ましてや日常生活で不満がたまっているとき、あるいは仕事がうまくいかないとき、多くの人は心のなかに「何とかしなければ」という焦りや悩みを抱くものです。そういうときに多いのが「自分探し」という行為です。

しかし多くの場合、これはよい結果を生み出さないのです。

「自分はいったい何をすればいいのか？」「私にはどんな仕事が向いているのか？」「どうすれば成功するのか？」ということを頭のなかだけで自問自答しても、答は出てきません。まして人間は弱い存在ですから、1人で思考していると、どんどん不安になり、暗くなり、悲観的になります。そもそも「自分探し」をするときはさまざまな不調が重なり、心理的にも弱くなっている場合が多いのです。そんなときに1人で考え込んでもよいアイデアは出ませんし、時間のむだでもあるのです。

自分の強みは何なのか。自分の競争力の源はどこにあるのか――。結局、私たちは、そういう基本的な部分が自分自身ではわからないのです。「これなら向いているかも」と思っても、すぐに想いがひるがえり、1つに定まらず右往左往します。自分のことばかり考えすぎているから、ますますわからなくなるのです。

それなら、どうしたらいいのかというと、方法は1つしかありません。

目の前の仕事を一生懸命にやりましょう。集中し、熱中し、頑張って仕事をしてみるのです。もちろん、そこで必ずしも自分の強みが発揮できるとは限りません。いい成績が出る場合もあるし、ダメなこともあるでしょう。その結果をみて、自分には何が向いているのかが少しずつわかってくるのです。「自分はこれをやっているときは楽しい、我を忘れてしまう」という感覚も1つの判断基準になると思います。

また、頑張ってやってみたものの失敗に終わった、という場合でも、絶対にマイナスにはなりません。素晴らしい経験として自分に蓄積し、しっかりと次につながっていくのです。

「自分のこと」は身近な他人に聞く

自分のことは自分がいちばんわからない。とはいえ、やはり仕事をするには自分の得意なこと、自分に適した分野を見つけて、そこに注力する必要があります。

では、どうしたら自分の得意なことを発見できるのかというと、とても簡単な方法があります。自分の身近にいる他人に「私の得意なこと、向いていることは何ですか？」と尋ねてみてください。「状況判断が鋭い」「人付合いが上手だ」「相手の話を聞くのがうまい」など、それぞれの人が自分の立場からみた、あなたの魅力、よいところ、向いていることについて答えてくれるはずです。それらの意見は自分の頭で考えたものより、ずっと客観的で、真実を突いているのです。

筆者が大学を卒業し、就職先を選ぶとき、「これからは日本も国際化だと思う。海外に行きたいから商社はどうだろうか？」と父に聞いたら、父はこんなアドバイスをくれました。「お前は気位が高いから営業向きではない。商社に行ったら、いろんな営業をしないといけないがお前にはむずかしい。海外に行きたいなら銀行がいい」。いま振り返っても、まさに的確なアドバイスだったと思います。

また「自分には何が向いているのか」という発想の方向ではなく、「自分が世の中から期待されていることは何だろうか？」という方向で考えていくと、よりわかりやすいかもしれません。「自分が、自分が」という気持ちからいったん離れてみるのです。頭のなかだけで考えた「自分のやりたいこと」ではなく、相手に、そして世の中に期待されていることをやるほうがうまくいくケースが多いと思うのです。

尊敬する人の立ち居振る舞いをみる

ごく当たり前の日常を暮らしていると、人はなかなか自分を変えることができません。しかし、これまでにないほど大きな試練・逆境にぶつかり、たとえば生死にかかわるような病気をする、愛する人を亡くすなど、悲劇的な経験をすると、人間は一瞬にして考え方が変わるのです。筆者自身、当時40代だった妻を病気で亡くした時、人生が大きく転換しました。起業をしたのも、それが大きなきっかけだったのです。

しかし、できれば辛い経験はしないほうがよいですし、そういったことがなくても自分を変えていく道はあります。それは自分がいちばん尊敬している人、大きな仕事を成し遂げた人と身近に接して、彼らの立ち居振る舞いをしっかりとみることです。

アフラック創業者の大竹美喜さんは、筆者が最も尊敬する方のうちの1人ですが、あれほど大きな事業を成し遂げた人にもかかわらず、誰に対しても腰が低く、常に謙虚なのです。そして感謝の心をもち続ける姿に接するたびに、自分自身を振り返り、襟を正すことができます。また人との付合い方、物事の判断方法など、どれほど勉強させていただいたかわかりません。

そういった人物が身近にいない、会いたいけれど簡単に会えないということもあるでしょう。その場合は講演会に出かけたり、著書を読むとよいのです。たとえば渋沢栄一はすでに亡くなった人ですが、彼の著作を読めば彼の思想、人となりを知ることができて、いわば弟子入りできるわけです。尊敬する人を知るという意味で、筆者は大竹最高顧問の著書やイトーヨーカ堂の創業者である伊藤雅俊名誉会長の本は何度も読み込み、大きな影響を受けています。

(2)「視点」を変えれば成功する

いまの自分にマッチする本を選ぶ

近年はインターネットであらゆる情報が手軽に入手できます。しかし、自分の視点を変えるような、人生観に影響を与えるような情報の収集には、いまでも書籍が重要な役割を果たしていると思います。

とはいえいまは書店に行っても大量の新刊本が出ていて、何を選んだらいいのかわかりません。タイトルや表紙のデザインなどに惹かれて手にとる人もいれば、ベストセラーだから読んでみるという人もいるでしょう。しかし売れている本だから、すべてが素晴らしいかというと、現時点の自分にとって必要ではない著書という場合もあるのです。

本選びの基準はいくつかあります。

まずは自分の尊敬している人の著書であること。もともとその人の考え方、生き方に深い感銘を受けていますから、著書というのは、その人をより深く知ることのできる大切なツールです。

また、長年読み継がれている古典的な名著もぜひ手にとりましょう。たとえば福沢諭吉の『学問のすゝめ』や渋沢栄一の『論語と算盤』などの古典も、時代を超える価値観について書いてあるので、現代を生きる人があらためて読んでみても非常に勉強になるのです。

従来の視点を変えてくれるような本に出会うと、確実に自分の成長につながります。「私はいままでこう思っていたけれど、実はこんな見方もあったのか」など、多面的にものをみるきっかけをくれる本こそ価値があります。そういう意味では自分とはまったく異なる職業の人、芸術家など、違った感性をもっている人の著書から学ぶことは多いと思います。

気になった本を手にとって、最初の30ページくらいを読んでみましょう。最初の部分を読むだけで、スッと頭に入ってくる本、「あれ、これまでにない考え方について書いてある」などと感じる本がよいのです。書評も参考になりますし、最近は読者のコメントなどが気軽にチェックできるサイトもありますから便利です。また読書会に参加したり、本をたくさん読んでいる人に聞くというのも、１つの方法です。

自分の置かれている仕事の環境、人生のステージによって、必要な書籍というのはそれぞれ違ってきます。まさにピンとくる本に出会えたら幸福ですし、そのための努力は常に必要なのです。

もっと外国へ行こう！

読書でもそうですが、筆者は「自分の視点が変わるような経験」をどれだけ積み重ねることができるかが重要だと考えています。そのとき、読書というのは、誰でも手軽にできる最高の経験です。一方で実際に人と会い、話をし、身体で感じるということも重要でしょう。

しかし日本というのは同質性の強い社会ですから、なかなか新しい視点を与えられるような経験がもてません。同じ会社に勤める人たちとだけ付き合い、一緒に飲みに行っても、新しいものは生まれにくいし、発見はないのです。

そういうとき、ぜひ試してほしいのが旅です。国内旅行でもさまざまな発見があると思いますが、特にお勧めなのが海外への旅。外国に一歩、足を踏み入れるだけで、予想もつかないような体験ができると思います。

筆者は年に数回、欧米やアジアを旅しています。発展途上国に行ったら停電もありますから、日本では当たり前と思っている電力の安定供給の大切さを感じます。また経済成長がどれだけ大事かということも肌で理解しますし、非常にアグレッシブな人々のライフスタイルに感動することもあります。

また昨年、黒岩祐治・神奈川県知事に随行して、ドイツのシュツットガルトに行き、ダイムラーの会長や役員に面会したのですが、その時も発見がありました。なんとその場にはパンやオレンジジュース、コーヒー、紅茶などが並んでいて、食べたり飲んだりしながら会話をするのです。筆者もいただきましたが、とても美味しくて、自然と気持ちがリラックスし、肩の力を抜いて話ができ、場が和み、互いに親しみをもってコミュニケーションできるのです。

新しいものに対して常に好奇心をもち、面倒くさがらずに知らない土地へ出かけ、いろんな人と付き合うと視野が広がり、視点が変わります。そういうところから、ふとよいアイデアが浮かぶ。それが仕事で成功する発想法だと思うのです。

環境を変えようとしない

自分の視点を変えるというのは新たな経験ではありますが、「これまでの自分を変える」という点でストレスになるのも事実です。従来の自分のまま、これまでやってきたことを繰り返すほうが楽なのですから。

しかし、これまで書いてきたように日本社会は大きく変化していますから、個人も変化を受け入れ、新しい環境に順応しなければなりません。

ところが、なかには自分の視点や考え方を変えず、周りの環境を変えようとする人がいるのです。自分に対して甘い評価をしてくれる人のところへ行ったり、自分に都合のよいように人間関係を変えたりしようとする。また将来の展望をきちんと考えず、簡単に転職してしまうこともあるのです。

こういうことを繰り返していると、その人は学習し、変化し、成長するという過程を経ることができません。石の上にも3年という諺がありますが、生真面目に、誠実に懸命にやらないと何もみえてこないのです。場合によっては３年間頑張ったのに、うまくいかないこともあるでしょう。まさに試練ですし、逆境に立つことになりますが、それがあなたを本当の成長へと導いてくれるのです。

自分を理解してくれたうえで、時には厳しいことをいってくれる人がいる環境を、私たちは選ぶようにしましょう。「こうしたらいいよ」「視点を変えてみたらどうだ⁉」「こういう考え方もあるよ」という意見こそ耳に入れるべきなのです。「自分を変えるぞ！」という強い意欲をもちましょう。自己変革はむずかしく、困難な道ですが、逃げることはできません。環境の変化は以前よりずっとスピードアップしています。人間関係も変わり、お客様も変わるし、マーケットも変わる。それに追いついていかないと、生き残ることはできません。そのためには労を惜しまず、努力すること。そこにしか私たちの活路は得られないのです。

夢はもたなくてよい

一般的に「夢をもつのはいいことだ」といわれていますし、実際、子どもの頃は「野球選手になりたい」「ケーキ屋さんになりたい」など、誰でも何かしらの夢があったと思います。それは微笑ましい思い出で、決して悪いことではありませんし、なかには幼い頃の想いを実現させてしまった強者がいるかもしれません。

大人になると、また違ったかたちで夢を抱くものです。筆者自身、旅が大好きですから、世界一周旅行をして、紀行文を書きたいという夢があります。しかし、それは現実の生活からはかけ離れた存在で、漠然とした姿しか頭のなかに浮かびません。往々にして「夢」というのは自分の気持ち・欲望にだけ向かっていて、実現に向けて必死に努力をするというリアルさに欠けているように思うのです。

ですから日々の仕事のなかで抱くものは「夢」ではなく、「志」であり「目標」です。そのとき、重要なのは「誰かのために役に立つ」という視点があること。人間は自分のためではなく、人のためになるのだと思うと奮起し、やる気が出るからです。そして自分なりの志・目標が心に浮かんできたら、それを達成するために毎日、頑張り続けることが必要です。元来、仕事というのは絶え間なく努力し、極めなければ何も生まれてこないのですから。

そして「毎日を悔いなく、一生懸命に生きる」ことができれば、心は常に穏やかに、満たされていくのだと思います。

人の生命というのは、いつ絶えてしまうのかわかりません。元気であっても、突然の事故や災害で生命が奪われてしまうかもしれない。それでも今日を精一杯、生きていれば、「幸せな人生だった」と悔いを残さずにすむと思うのです。そして、こういう日々を繰り返していれば、自分のなかの志・目標はいつか必ず実現するのです。

(3) 人間関係はすべての基本

どんな人と付き合うのか

私たちの社会は大勢の人たちの協力で成り立っていますから、仕事でもプライベートでも、よい人間関係をつくることが何よりも重要です。それも漫然と付き合う間柄ではなく、志の高い人たちとお互いを尊重しあい、高めあうような人間関係をつくることが大事です。

筆者の場合、自分にはないものをもっている人と付き合うように心がけています。たとえば起業をして成功している人や、芸術分野で成功している人などからも多くのものを学べますし、自分とは異なる趣味や嗜好をもっている人と付き合うと、いろいろな発見があるものです。

筆者自身は特定の宗教を信仰しているわけではありませんが、深い信仰をもっている人と付き合うと、思いがけない影響を受けたり、勉強したりすることができます。たまたまアメリカンフットボール好きな人が身近にいて、試合を観に行くようになったら、自分の知らなかったおもしろさに気づきましたし、自分では絶対に買わないような本でも、人に勧められたら読んでみたりもします。「先日、お勧めいただいた本を読んでみました」と礼状でも書けば、また違う本を紹介してくれたりもするので、ますます世界が広がるのです。

何事に対しても、意欲的に頑張っている人というのも魅力があります。

筆者は講演活動で全国を回り、多くの人と出会う機会がありますが、「この人はちょっと違うな！」と思わせる人物はすぐ目につきます。

たとえば筆者が営業研修をしているとき、いちばん大事なところでパッとメモをとり、聞き逃すまいとしている人は、営業でも好成績をあげています。「上司にいわれたから参加している」「メモをとるようにいわれているからとる」という人は、次第に集中力がなくなり、メモもおざなりになるので違いは歴然です。このセミナーで学ぼう、何かをもって帰ろうとしている人の気迫は全然違うのです。

常に勉強しよう、新しい発想をつかもうと前向きな気持ちをもっていることが大事ですし、そういう人と付き合うことが筆者の喜びでもあるのです。

小さな約束を大切にする

よい人間関係を築くには、まず新しい人との出会いが第一歩です。

人との出会いというのは偶然の要素が多いのですが、それを発展させていくのは、自分自身の心がけにかかっています。

ぜひ心にとどめていただきたい基本は、人付き合いに手間暇を惜しまないことです。食事をごちそうになったら、あるいは何か贈り物を頂戴したら、忘れずにお礼のメールなり手紙なりを出しましょう。その時も、既存のテンプレートを少し書き換えただけの文言では、あなたの真心が相手に伝わりません。自分の言葉で文章を書き、感謝の気持ちを伝えましょう。

また人との約束を忘れないことも大切です。「こういう情報があったら教えてほしいのだが」「あの本のタイトルを知りたい」など、どんな些細なことでも、人と約束をしたら忘れずに実行しましょう。

以前、筆者は仕事の関係で7年間、ニューヨークに住んでいたことがあります。その時、ケンタッキー州の日系自動車部品会社のお客様から「家族でニューヨークに行くので、よいレストランがあったら教えてほしい」といわれたことがあります。それで、さっそくお勧めの情報をファックスでお送りしました。筆者としては、すでに知っていることを簡単に書いてお送りしただけなので、ほとんど手間はかかっていません。しかし先方はとても感動してくれて、その後20年も経ってから再会したとき、「あの時、教えてもらったレストランはとてもよかった」と感想をいってくださったのです。昔のことを覚えていて、感動を伝えてくれるとは、こんなにうれしいことはありません。

しかし多くの人が小さな約束を忘れます。たとえば名刺交換をしたとき、「私は本を書いているので、お送りしますよ」といわれて、期待して待っているのに送ってこない。会合が終わった瞬間、その人は口約束をパッと忘れてしまうのです。些細なことかもしれませんが、人の心に小さな傷をつくるような行動ではないでしょうか。

どれだけ小さな約束でも忘れずに実行すれば、相手は「自分との約束を覚えていてくれた」と、必ず感動し、心にとどめてくれるはずです。そのうえ、「この人は信頼できる人だ」と思ってもらえるかもしれません。ちょっとした手間が、相手とあなたの間の絆を強くしてくれます。信頼関係を得るというリターンがどれだけ大きいかと思うと手は抜けません。

相手との信頼関係の構築に、小さな仕事、小さな約束が意外と大事になることを絶対に忘れないことです。仕事で成功したい、よりよく生きたいと願うなら、横着をしていてはダメなのです。

相手が喜ぶことをしよう！

人とよい関係を築くには1つの法則があります。まず自分から与えるということ。

「相手の役に立ちたい！」「相手に喜ばれることをやろう！」という発想で行動しま

す。

多くの人は自分や家族の利益を第一に考えているのです。やはり人間ですから、そういう気持ちがあっても自然です。しかし、これをやりすぎると「相手からいかに得るか」ということばかりに気が回り、相手との関係が続かず、進歩がありません。

そこで最初に自分への関心レベルをグッと引き下げ、相手に関心を移していくとよいのです。そして相手を喜ばせることをする。そこに気持ちを傾けましょう。

第一段階は「自分がうれしいと感じることを、人にやってあげる」とよいのです。人の心は大筋において似通っていますから、自分がうれしかったことを実践すると、相手も喜んでくれます。誕生日カードを送ってもらえば、誰でもうれしい気持ちになります。旅先のお土産をいただけばありがたいですし、おいしいランチが食べられるレストランを紹介されるのも楽しいものです。

また先方から贈り物をいただいたら、礼状を出すことも重要です。メールや電話でお礼をするのもよいですが、メッセージカードなどに挨拶文を書いて郵送したら、いっそう相手の記憶に残るでしょう。筆者は以前、アフラック創業者の大竹さんからお礼状をいただいて、とても感動したことがあります。文面こそパソコンで入力していますが、テンプレートの文章ではなく、大竹さんご本人の言葉で書いてあり、署名があります。感謝の気持ちをきちんと相手に伝えることはすごく大事ですし、それだけでお互いの信頼度がぐんとアップするのです。

相手を喜ばせるのに、ちょっとした言葉が効果的な場合もあります。たとえば営業に行った先で、社長に「御社の部長はすばらしいですね」と一言添えるのです。部長がその場にいたら、本当にうれしく感じるはずですし、その場に不在でも、後になって話を耳にして、必ず喜んでくれるでしょう。自然な褒め言葉はとても効果的です。

お礼は本人に直接伝えるだけではありません。いただいたお菓子などの写真をブログにアップし、「とてもおいしかった」と報告するのも1つの方法です。「A会社のB社長に、○県○市にある○○という店に連れていってもらい、和食を食べた。本当に美味しかった」と書けば、連れていってくれた人は本当にうれしいし、また連れて行こうと思ってくれるものです。

第二段階は、相手をよく観察して、相手にぴったり合った方法で喜ばれるように試みてください。誕生日カードを大嫌いだと感じる人はあまり多くはないと思いますが、自分がうれしいことでも、他人にはそれほどうれしくないかもしれません。年齢の違い、男女の違い、経営者なのかサラリーマンなのか、趣味・趣向など、千差万別です。こうやってみたけれど、あまり喜ばれなかった。それならこの方法ではどうだろうか、というかたちでいろいろとトライしてみるとよいと思います。

また、質問をするというのもよい方法です。甘い物が好きな人でも、生クリームは嫌いで、チョコレートが好きかもしれません。そこで「好みのスイーツは何か？」と聞いてみるのです。その時の回答をしっかりと記憶し、次のチャンスにいかせば大変に喜ばれます。「どうして私の好みを知っているのですか？」「お好きじゃないかな、と思って」という楽しい会話になるはずです。

個人的な話を聞いても、すぐに忘れてしまうという人の場合、相手に対する関心が少ないのです。家族や恋人の誕生日は忘れませんし、彼らがどんなものを好きだと思っているのかも、よく知っているでしょう。それくらいの関心があれば、きっと記憶できるのです。

もちろん自分が関心をもつ人というのは、さほど多くないかもしれません。名刺交換をした人すべてに関心を傾けることは、さすがにむずかしいでしょう。やはり自分が「この人だ」と思った人物を中心に意識を強め、しっかりと記憶しておきましょう。

また記憶は時々、思い返さないと忘れるものです。その人と再会するときなどは意識していろんなことを思い出し、確認し、記憶を強化し、リフレッシュしましょう。人への関心を深め、相手に喜んでもらうことができれば、めぐりめぐって、結局は自分自身の成果にもなるのです。

「ありがとう」は強烈なパワーをもっている

筆者の母は常々、こんな言葉を私に聞かせてくれていました。

「人から何か1つしてもらったら、5回ありがとうといいなさい」

これは母が自分の母親、つまり筆者の祖母からいわれたことで、いわば人付合いの基本でした。

どういうことかというと、まず何かをしてもらったら、その場で「ありがとう」をいいます。

その次にその人と再会したとき、2度目のお礼をいいます。たとえば「この間いただいたお菓子、とても美味しくて家族が喜んでいました」と報告がてら、感謝の気持ちを伝えるのです。周囲をみていると、この「2度目」を忘れる人が多く目につきます。「この前差し上げたお菓子、美味しかったですか?」と聞かれて、あわてて「あ、美味しかったです」などという問答があってはNGなのです。

さらには手紙や年賀状などで「先日はありがとうございました」と3度目のお礼をいいます。そこまで実践できたら、かなりの上級者です。

ここから先は周りの人を巻き込みます。

たとえば「先日はうちの妻がお世話になり、ありがとうございました」と妻にかわって夫がお礼をいうという具合です。これで4回目です。そして、共通の友人・知人が「先日、澁谷さんがあなたに感謝していましたよ」といってくれれば、これで5回目です。それくらい何度も「ありがとう」を重ねれば、相手も本当に感謝の気持ちを感じてくれるのです。

なぜ、こんなに「ありがとう」を繰り返すのかというと、この言葉は私たちの遺伝子を刺激する、強烈なパワーをもっているからなのです。

一人ひとりでは非常に力の弱い人間がここまで進化できたのは、互いの協力関係があってのことです。利害に関係なく、相手の状態を想像し、相手のメリットを考えて行動できるのは人間だけですし、だからこそ、厳しい自然環境を生き延びてこられたのでしょう。

そして、この繊細な協力関係を紡ぐ大切な輪が「ありがとう」なのです。

「ありがとう」という言葉をいわれると、その人はとてもうれしいし、幸せな心境になります。金銭的・物理的なご褒美ではなく、「人のためにやってあげたい」と思う本能をかき立て、「ありがとうといわれたい」からこそ頑張れるのです。また「ありがとう」をいうときも、その人の心は幸せに包まれていると思います。ありがたい、うれしいからこそ、「次は相手のために何かしてあげよう」と思えるのです。

そうやって互いに感謝の遺伝子を刺激しあえば、よりいっそう優れた社会をつくりあげることができるのではないかと思います。

(4) 互いに成長し続ける法則

肯定の否定

筆者は会話のとき、「最初に人を受け入れる」ことを意識しています。

人はそれぞれ立場もバックグラウンドも発想も違うので、考え方がぶつかる場合があります。互いに異なる意見をもっているとき、決して頭ごなしの否定はしません。まずは相手の考え方をしっかりと聞き、受け入れます。そのうえで、「なるほど。素晴らしい発想ですね。しかし、こういう場合はどう考えたらいいのでしょうか？」などと尋ねるのです。すると先方も「自分は受け入れられている」という安心感があるので、こちらの意見に耳を貸し、互いに議論ができます。必ず〝Yes, but〟の法則で話をするのです。これを筆者は「肯定の否定」と呼んでいます。

周囲をみていると、「肯定の否定」ができない人が少なくありません。特に知的レベルが高く、頭の回転が速い人、社会的にも優位なポジションに立っている人などに多い行動ですが、頭ごなしの否定はコミュニケーションを阻害する結果になります。話を始めた途端、パッと否定されると、もうそれ以上話をする気持ちがなくなってしまうからです。

人間は元来、警戒心がとても強いので、相手が本当に自分を受け入れてくれる人なのかどうかを、ジッと観察しています。差し障りのない話をしながら相手のようすをみて、距離を測っているのです。そのうえで、この人なら大丈夫だと感じたら、はじめて自分の考え方などを話せるのです。

実際の会話の場で、異なる意見を素直に受け入れることはむずかしいですし、聞き手になるより、自分の意見を述べているほうが心理的にはずっと楽です。若い人なら自分に自信がないからこそ素直な聞き手になりにくく、年配者は過去の経験を過信しすぎて「こうすればいいんだ」という自己流の発想を押しつけがちです。あるいは人の意見にじっくり耳を傾ける余裕がないのかもしれません。

しかし常に学ぶ姿勢があれば、相手を受け入れることは簡単ですし、それが自分の成長につながります。上司や有名人、有力者、大学教授などの知識人の言葉は聞くけれど、部下や若い人の意見は最初から受け付けないという態度では、本当の進歩はありません。ありとあらゆる方向から情報や考え方、アイデアを得るような柔軟性が必要なのです。

人材育成の極意

人はほとんどが自分中心にものを考えていますが、これまで書いてきたように、まず自分を脇に置き、相手のことを考えるという姿勢ができれば持続的な成長ができます。人材育成の面でも、この考え方は重要です。

部下を教育するとき、「自分の目標や利益のために、どう働かせるか」とか「自分のいったことを、どう忠実に実践させるか」という自分目線の考え方では必ず失敗します。

それでは、どうしたら部下を育てることができるのか。とても簡単な法則がありま す。「部下の成功を願い、その成長を心から喜ぶ」ことができるかどうかです。自分の子どもが勉強してテストに合格すると、親は素直に心から喜べます。その気持ちのあり方をそのまま人材育成の場で発揮するのです。考えてみれば、非常に単純なことなのです。

筆者はわが社の社員が成長してくれたら、とても幸せです。「君は伸びてるよ。立派になったな」と心から喜んで褒めます。すると相手も筆者の気持ちを受け止めてくれて、死にものぐるいで仕事をしてくれますから、会社の業績もよくなるのです。「どんどん成果が上がっているね。君のおかげだよ」というと、ますます努力して成長してくれるのです。

ところが最近は、「純粋に部下の成長を喜ぶ」ことが非常にむずかしくなっていま す。グローバル化で日本も競争社会、成果主義の社会になりつつあり、結果を出した人が給料も立場も上になるのです。近年は日立のような伝統的企業でも実力主義になってていますし、今後、終身雇用、年功序列という制度が持続することはないでしょう。欧米社会のような競争が起こり、伸びる人は伸び、努力しない人は落ちていきます。

すると、どういうことが起きるかというと、日本のよき伝統であったオン・ザ・ジョブトレーニング（ＯＪＴ）や、上の人が下の人を教えるという習慣がだんだん薄れていくのです。自分の立場を安泰にするため、あまり部下を教育しないほうがいい、という発想になります。しかし、こういう殺伐とした職場では結局、十分な成果が出ないのです。やはり相手に関心をもち、相手の幸せを願いながら仕事ができるかどうかが問われます。部下が成長したら、それを心から喜び、自分はさらに上を行くように努力する。それが自分を磨くことにもなるのです。

「雨ニモマケズ」の精神で

筆者は宮沢賢治の「雨ニモマケズ」という詩が大好きです。

「東ニ病気ノコドモアレバ　行ツテ看病シテヤリ
西ニツカレタ母アレバ　行ツテソノ稲ノ束ヲ負ヒ
南ニ死ニサウナ人アレバ　行ツテコハガラナクテモイイトイヒ
北ニケンクワヤソシヨウガアレバ　ツマラナイカラヤメロトイヒ」

助けを求められるまで待つのではなく、自分から人助けのために出かけて行くところがよいのです。

「アラユルコトヲ　ジブンヲカンジヨウニ入レズニ」

この言葉は「見返りを求めない」というところにつながります。そして最後に宮沢賢治はこう書いています。

「サウイフモノニ　ワタシハ　ナリタイ」

人はなかなかそういう人物になれないからこそ、そういう人に憧れ、そうなりたいと願うのです。人に喜ばれることをする。そして見返りを求めない。これを自分のできるところから実践する。この哲学が筆者の経営の背骨であり、営業活動をつくっているのです。

「情けは人のためならず」という言葉があります。結局、私たちは人間関係のなかで生きているのですから、見返りを求めずに尽くす人を周囲の人間は見捨てません。何かあれば情報をもってきてくれますし、助け船を出してもくれます。よりよい人間関係をつくることができれば、互いに成長し続けることが可能なのです。

第3章

自分をブランディングしよう!

自分だけの特長を見つける

高度成長期はガツガツと営業をするスタイルで、売上げが伸びた時代です。自分のことを振り返っても、20代から40代半ばまで銀行に勤めて、成績を上げることに血眼になっていました。しかし成熟経済の今日、この手法はもはや通じなくなっています。

営業なら同じ企業に何度も足を運ばなければなりません。またコンペで4社に提案書を出させ、1社に決まると、その他の企業が時間をかけて頑張ってきた営業活動はムダになります。お願い営業をしても成功率は非常に低く、ただ心理的な苦しさが残るだけです。

それなら、どうしたらいいのか。いま大事なのは営業をしないことです。そして待っていればよいのです。先方から「あなたにぜひやってもらいたい」といってもらえれば、百発百中。無駄足を運ぶこともありません。

また値段の面でも有利です。

通常の営業だと「他社は1日10万円でやってくれますよ。もうちょっと値下げしてください」などといわれることも珍しくないでしょう。下手をすれば、どんどん買い叩かれます。しかし先方から依頼を受ければ、価格交渉でも有利に運ぶことができます。「うちはこの価格です」「ぜひお願いします」となるのです。

では、どうしたら頼まれるようになるかというと、まさに本人ならではのブランドがあるからです。

ブランドイメージでいちばん大事なのは、他にはない特長や強みがあることです。たとえばヴィトンのバッグは、パッとみただけでヴィトンとわかります。圧倒的な特徴がなければダメなのです。

ですから私たちも自分の強みを見つけて、徹底的に磨くことが重要です。第2章(1)「「自分を見つける」方法とは？」で紹介したことを、しっかりと実践しましょう。「自分が世の中から期待されていること」を自覚し、最低3年はコツコツと努力をするのです。苦労してつくりあげた自分だけのブランドは決して失われません。何よりもまず、そこを努力することが成功への道なのです。

ブランドはアイデアで育てていく

筆者自身、ブランディングについてはいろいろと考え、試行錯誤してきました。特に注力したのは地方銀行とのネットワークです。今後の日本の発展を考えると、地方銀行が協力しあい、地方創生をしていくことは非常に重要ですし、そのなかで筆者もお手伝いすることがあるはずだと思いました。

幸い、現在は全国の地方銀行の頭取・社長と親しくさせていただき、さまざまなイベントを企画したり、全国を講演などで飛び回ったりしています。この分野では一定の知名度を得ることができました。

とはいえ創業当初の筆者は名もなく、力もなく、影響力もない一介のベンチャー企業経営者でした。自宅兼事務所で仕事をしているような状態ですから、銀行の頭取・社長とのアポイントをとるなど、ほとんど無謀ともいえる状態だったのです。

そこで筆者は知恵を絞りました。銀行の頭取や社長と会える人物は誰だろうかと考えたら、答は頭取や社長と同じくらいの立場にいる人です。しかし、筆者はここに該当しません。もう1つの答はマスコミです。相手が新聞記者なら、いくら若手であっても頭取や社長に取材ができ、しっかりと話ができます。「そうだ、私が記者になって取材をすればいいのだ！」とひらめいたのです。

自社で雑誌媒体をつくろうとすれば、数百万円単位の投資が必要ですし、そんなお金もありません。そこでインターネット上でみることができる媒体をつくろうと決め、ホームページビルダーを購入し、「銀行員ドットコム」というサイトを構築しました。安価でかつ手早く自前の媒体ができて、準備は万端です。そして知人の紹介で千葉銀行の竹山正頭取（当時）のインタビューをすることができたのです。

これを皮切りに、金融機関のトップインタビューや金融庁・企業トップインタビューなどを行うことができて、少しずつ関係が深まっていきました。いわば計画的な努力の結果、筆者のブランドがあるのだと思っています。

最初はどんな人でも、十分なブランドなどあるはずがありません。だからこそ、ブランディングはさまざまな作戦を自分なりに練り上げて実行することです。お金も実績もないのが当たり前ですから、知恵を絞ること。「こういう自分になりたい」というはっきりした目標があれば、必ずよいアイデアが湧いてきます。あきらめずに実行できた人だけが、ブランディングに成功するのです。

腐らずに仕事をする

筆者は会社経営者という立場でしたが、会社員であっても、組織のなかで自分なりのブランドをつくっていくことが必要でしょう。しかし、環境を自由にコントロールできないのが組織人の辛いところです。自分の特徴を伸ばしたいと願っても、常に最適な職場にいられるわけではありません。花形の部署ではなく、目立たない地味な部署に配属になるかもしれません。

筆者自身、銀行に入った時は「預金課」という部署に配属になりました。本当なら融資などをバリバリとやりたいのに、預金を集める仕事をするのです。非常に地味な存在ですが、実は銀行にとって、この仕事がいろいろな業務の基礎になっています。

そういうとき、本流から外されたような気がして、やる気を失う人が少なくありません。「俺はもうダメだ」「なんで自分がこんな部署にいなければいけないのか⁉」などという発想に陥ってしまうのです。

しかし望まない場所、地味な場所で仕事をするという試練は、必ず学びのチャンスにつながります。「簡単にみえて、この仕事は結構むずかしく、大変な作業だ」と気がつくかもしれません。「地味だけれど業務全体の下支えをしてくれていたのだ」と認識を改め、「自分たちはこういう人に支えられている」と感謝の気持ちがもてるかもしれません。

どんな場所に行っても決して腐らず、真剣に仕事に取り組むことが大切です。一度聞いたことは必ず覚えようと心がけ、メモをとるなどの真摯な姿勢があると、その人はどんどん伸びていきます。「人すべて師」ですし、私たちはあらゆる経験から学ぶことができます。それが視点を変えることにつながり、自分が着実に成長するのです。

本流から離れたようにみえる部署にいても、周囲の人間、上司はあなたの働きぶりをみています。「あの人は、あの部署に行っても成果を出している。すごいな」といわれるようになれば、いつか必ず引き上げられるものです。「この人間ならむずかしいところに配属になっても、いい結果を出すだろう」という期待値が上がる。そういう働き方をすることが重要なのです。

まずは小さなことから始めよう!

もっと学びたい、新しいことを始めたい、自分のブランディングをしたいと思っても、いきなり大きなことはできません。日々の仕事があるし、自由になる時間もお金もたくさんはないのです。

しかし今後、大きく変動する社会を生きるうえで、自分を変えていくことは絶対に必要です。前章でも書きましたが、なるべく多くの人と知り合いになり、自分の視野を広げることは今後、ますます重要になります。そのための努力をいつも続けていかなければなりません。

そういうとき、まずは小さな行動を始めて、自分の世界を広げるように工夫してみましょう。朝食会、ランチ会、読書会など、興味をもった分野があれば、どんどん出かけて学びましょう。

そのとき、最もお勧めなのが、自分自身で会合を主催することです。自分で講師を選び、自分で人を集める。そうすれば自分のやりたいように会を運営できますし、参加者全員と親しくなれます。もちろん人脈も広がるでしょう。

会合など、自分で企画したことがなくても、まずはやってみることです。多くの人は「やってみたいけれど、参加者が少なかったらどうしよう」「会場を押さえたり、案内を出したりするのが面倒だ」など、できない理由を並べてしまうのです。しかし、これは非常にもったいない考え方で、わざわざ自分の成長を阻害しているようなものです。

多少うまくいかなくても心配はいりません。次回はその学びをいかして、少し上手に開催ができます。参加者の方々に喜んでいただければ継続できますし、だんだん大きな会に育っていくことでしょう。そして、こういうことを面倒くさがらずにやることが、自己の成長には欠かせない経験なのです。

困っても困らない

「経営者の神様」といわれる松下電器産業（現パナソニック）創業者、松下幸之助さんの言葉に「困っても困らない」というものがあります。

困難を困難とせず、思いを新たに、決意をかたく歩めば、
困難がかえって飛躍の土台石となるのである。
要は考え方である。決意である。困っても困らないことである。
人間の心というものは、孫悟空の如意棒のように、
まことに伸縮自在である。その自在な心で、困難なときこそ、
かえって自らの夢を開拓するという力強い道を歩みたい。

（松下幸之助『道をひらく』（ＰＨＰ研究所、１９９1年1月）より）

人は目の前に困難なことが立ちはだかると、「困ったことだ」「どうしよう」とマイナス思考に陥りがちです。しかし、困ったことに直面しても、くじけず、物事を前向きにとらえることで、そこに知恵が生まれ、困難も乗り越えられるということを、松下さんは「困っても困らない」という言葉で表しているのです。

２００4年の世界経営者会議で、筆者はトヨタ自動車の張富士夫副会長（当時。現名誉会長）の講演を聴く機会がありました。

張副会長が若かった頃、上司から1週間で資料をつくるよう指示され、期限に提出したら「なんで3日間でもってこないのか」といわれたそうです。次の時には、３日間で提出したところ、今度は「なんで1日で仕上げないのか」と文句をいわれたそうです。より早くとか、もっとよいものをと、常に課題を与えられるのです。

「その時はエラい会社に入ったなぁと思ったけれど、人間というのは『困ると知恵が出る』ようにできているんですね」

と、張副会長がおっしゃっていたのが、とても印象に残っています。

失敗から学ぶ

筆者は年間、多くの講演を行います。ホームページなどで活動報告をしたいので、大勢の人の前でしゃべっている自分の写真が必要になり、会社の若い男性社員に「私の写真を撮ってください」と頼んだのです。

しかし彼は会場の後ろのほうから写真を撮るので、筆者の姿がとても小さくなってしまい、ホームページ用写真として迫力に欠けます。そこで「もっと私を大きく撮ってください」と頼んだのです。しかし、彼は何度やっても小さい写真しか撮らない。使うのはデジタルカメラですから、どんなカットが撮れているのか確認できるにもかかわらず進歩がありません。

そこで、今度は「もっと前に出てきて写真を撮ってくれ」と頼むと、「聴衆の方々の前に立つと迷惑だからできない」と答えるのです。しかし数分間、前に立って写真を撮っても、聴衆の迷惑になるようなことはほとんどありません。彼の言葉の裏側には「わざわざ人前に出て行って写真を撮るのが恥ずかしい」「うまく写真が撮れなかったらどうしよう」という心配が潜んでいて、行動できない自分への言い訳をしているだけです。したがって進歩がないのです。前述した「自分で会合を企画できない人」と同様です。言い訳だけが巧みになって、能力はいっこうに開発されません。

誰でも経験のないことをするときは腰が引け、心配になります。しかしそれは乗り越えればいいのです。少なくとも乗り越えようと頑張ればよい。これは小さな事例ですが、仕事に対する姿勢が透けてみえてくるのです。

本来、人は失敗からこそ学ぶことができます。

筆者自身、会社経営を10年以上続けていますが、その年月のなかでいくつも失敗をしています。以前、会社を手早く大きくしたいと考えて企業買収をしたこともありますが、見事に失敗しました。それ以来、自分たちでコツコツと育てていこう、１つのことを極めていこうという経営の方向性を定めることができました。

失敗するのはダメだ、という減点法的な考え方はやめましょう。まずやってみる。

そして失敗をすれば学び、次は失敗をしなくなります。失敗すればするほど、その人は失敗しなくなる。これは真実だと思いますし、自分のブランディングにも大変に有効です。

逆に失敗しそうなことをやらずに避けていくと、いつか大きな失敗をしてしまう可能性が高まるのです。

試練に感謝する

望まない部署にいくというのも1つの試練ですが、人生にはもっともっと大きな波のようにやってくる試練があります。

筆者の場合は妻の死でした。当時、17歳、15歳の息子たち、9歳の娘を残して、妻はガンで亡くなったのです。40代の若さでした。

その頃の筆者は銀行マンとして仕事に邁進し、正直、あまり家庭を顧みないタイプの男でした。妻も外資系企業の人事コンサルタントとして、バリバリ仕事をしながら、まだ幼い子どもたちの世話をしていたので、心身の苦労は非常に大きかったでしょう。筆者はそこをまったく理解しておらず、妻に大きな負担をかけていたのです。

　妻は亡くなる４年前、乳ガンの手術をしたのですが、筆者は「切ってしまえば大丈夫だろう」と安易に考え、その後の療養生活もさほどサポートしませんでした。このことはいまだに筆者のなかで大きな後悔として残っています。家庭を顧みなかったのは最大の失敗です。あの時の筆者は、ただ自分の出世だけを考えていた狭量な人間だったのかもしれません。

　妻の死後、筆者は生きる意味を見失い、茫然自失になりました。しかし子どもを立派に育て上げるのは妻が最も願っていたことですから、なんとしても実践しなければなりません。このことが大きなきっかけとなり、筆者は銀行を辞めて起業することにしたのです。

　当時の厳しい試練が教えてくれたことは無数にありますし、自分の人生観にも大きな影響を与えました。苦しみのなかで筆者が悟ったこと——それは生きる意味です。

　人は生まれて必ず死んでいきます。そのなかでどれだけお金を稼ぎ、立派な家を建て、名声を得たとしても、そこにどんな意味があるのでしょうか。死んでしまえば、すべては失われてしまうのです。その時、筆者の心のなかに浮かんだのは「存在意義」という言葉でした。

志を高くもち、少しでも世の中に役立つことをやろう。私に残された時間を使って、日本という社会のなかに何かよい影響を残そう――。

筆者が死んでしまっても、自分が努力して生んだ何かしらの「よい影響」はきっと社会のどこかに残ると思います。自分の存在にはそれなりに意味がある。決してムダにはならないはずだ。そう気がついた時、自分を受け止めることができ、そして生きる意味と意欲を取り戻すことができたのです。

世の中を見渡すと、このような試練に出会う人は決して少なくありません。

先日もある信用金庫の理事長と話をした時、家庭の話題になりました。その方も筆者と同様、奥様をガンで亡くし、子どもが2人残されたといいます。奥様が2年間闘病をしている間、その方はストレスでめまいがひどくなり、道も歩けないほどで、まさに強烈な試練の最中にあったのです。それでも彼は試練を乗り越え、いまでは理事長としての仕事を全うしています。そういう生き方が世の中には無数にあるのです。順風満帆のとき、人は学ぶことはできません。ただ幸運の波に乗って、流れていくだけです。

しかし、どんな人にも、避けることのできない試練があります。そういう時、どう乗り越えていくか。本当に苦しいことですが、試練や逆境があればこそ、人は本当の意味で成長できるのです。渦中にあれば、ただ生きることに夢中で周囲がみえないかもしれません。しかし乗り越えてみれば、自分の大きな変化に気がつきます。試練は大きなチャンスなのです。

試練に感謝する。そういう心境になれるまで、頑張り続けてほしいと思います。

志があれば乗り越えられる

成熟経済の日本では、前例に従い、与えられたことをただ繰り返していても成長は絶対にできません。志をもち、新しいことをやる。いままで誰も足を踏み入れたことのない世界を切り開いていくという気概が必要ですし、それは自分ブランドを確立するためにも必要な行動なのです。

クールジャパンでも女性の活用でも、斬新なことを始めると、さまざまな軋轢が生まれるでしょう。たとえば、これからは新しい農業が必要だと気づいて現状を切り開こうとしても、必ず反対する人がいて、反発されることも多いと思います。しかし、それを恐れていては何もできません。

筆者は２００６年から「地方銀行フードセレクション」というイベントを行っています。毎年秋、全国の主要な地方銀行に集まっていただき、「各行が自信をもって紹介する安心、安全、おいしい食材の商談会」を開催。出展企業・団体は地方銀行の優良な食品メーカーの取引先ばかりなので、バイヤーの方々も安心して商談をしていただけるという利点があります。

おかげさまで年々規模が大きくなり、２０１４年は地方銀行38行、５５１企業・団体が参加。２日間の会期中、来場者は１万人を超えました。国内最大級の「食の商談会」に発展したといっても過言ではありません。

しかし、このイベントが最初からスムーズに始まったわけではありません。

これまでバラバラに行われていた地方銀行の商談会を一堂に会して開催したら、効率的だし、必ず注目されるだろうという、ちょっとした発想から筆者自身が旗を振り「よし、やってみよう」と思ったものの、準備時間が足りません。10月開催で出展募集のスタートは8月。わずか2カ月しかありませんでした。また本来、食品関係の商談会は2月、3月という時期に集中します。10月というのは年末商戦の直前で忙しい時期ですから、出展企業など集まらないといわれたものです。

それでも、かねてから親しかった地方銀行5行に協力いただき、なんとか１０２社の出展企業を集めて開催することができたのです。当時の会期は1日だけ。約２００0名の方が来場してくれました。筆者は食についての素人だったので、ある意味、リスクがみえませんでした。だからこそ、無防備にスタートできたのかもしれません。しかし志をもって動けば、物事は必ず実行できるのです。

その時、筆者が掲げていた志は地方の活性化です。

日本各地には素晴らしい食材、ユニークな食材がたくさんありますから、それを日本全国、そして世界に売っていくことが重要です。今後、どんどん人口が減っていくなか、日本の美しい地方都市をもっといきいきとした存在にしたい、守っていきたい――。この気持ちに共感してくれる人が全国に大勢います。小さな灯火でも毎年灯し続けていれば、賛同者が増えていきます。それも常に変わらない、しっかりとした志があるからこそなのです。

「利己」と「利他」を再考する

ここでもし筆者が「自社イベントを開催して儲けたい」という気持ちをもっていたらどうでしょうか。おそらく「地方銀行フードセレクション」は初回から失敗していたでしょう。筆者の利益のために、全国の地方銀行・食品企業が協力してくれるはずはないのです。ここでしっかりと「利己」と「利他」について考える必要があります。

どんな人でも「利己」は大事です。仕事をして食べていかなければなりませんし、家族を養う必要もあるでしょう。一方、「利他」というのは自分をいったん枠の外に置き、他人の利益と幸福を第一に考えることです。宗教者はいざ知らず、普通に暮らしている人なら「利己」が8割、「利他」が2割くらいのバランスでも、まったく不思議ではありません。

しかし企業が「利己」8割、「利他」2割で経営を行ったらどうでしょうか。間違いなく売上げの数値だけが一人歩きして、「〇日までに、これだけ契約をとってこい！」などと厳しい目標を課せられるかもしれません。するとお願い営業にならざるをえず、実際の成果も疑わしいものです。

プライベートの生活ではともかく、ビジネスの世界では「利他」が基本中の基本です。お客様が困っていることを解決するから報酬がいただける。お客様がほしいなと思うサービスを提供するから代価をいただけるのです。自社の儲けではなく、お客様の幸福を第一に考えれば仕事がしやすく、しかも必ず成功します。そのうえ、先方からの信頼と信用を得ることができるのです。

企業というのは創業の理念があり、立派な文言を掲げていると思います。「利己」に邁進すると、企業が本来もっていた「利他」の精神がすっかり忘れられ、現場から遠ざかってしまうのです。経営陣は現場をしっかりみて、「利己」が幅を利かせていないかどうか確認し、指導する必要があります。また第一線で働く人自身も「利他」を忘れないことが成長の秘訣、そして自己ブランド確立の秘訣なのです。

喜ばれて、はじめて感謝される

人から感謝をされるというのは、非常に貴重な経験で、私たちに大きな力を与えてくれると思います。知人に手を握られ、「澁谷さん、○○さんを紹介してくれてありがとう。本当に助かった」などといわれると、胸がいっぱいになるほどの喜びがあります。「澁谷さんのおかげでこうなった」「澁谷さんに相談して気持ちが楽になった」などという言葉も筆者を最高に幸福にしてくれます。

私たちは人に喜ばれることをしなければ、絶対に感謝されません。いくら1人で苦しんだとしても、誰からも感謝はもらえません。「どうして誰も助けてくれないのか⁉」と他人に求めると、周囲の人は逃げていくだけです。

ものごとは単純化して考えると、頭のなかがスッキリします。

人に喜ばれることをしたら感謝してもらえる。それが自分の力の源になる――。とてもシンプルです。会社で働いていると、「業績を上げろ！」という要求に応えるため、つい忘れがちになっていますが、もともと人間は相手に喜んでもらいたいという資質をもっています。後は、それをいかせばよいだけなのです。そのやり方は、各人の個性で自由にデザインすればOKです。自分にしかできない方法で人を喜ばせることができれば、それがブランディングにもつながります。

その際、「喜ぶこと」について、より意識的になるのも効果的です。人に感謝されて、幸せな気持ちになった経験を思い起こしてみましょう。この1カ月で、そういう出来事はなかったですか？

また毎日、寝る前に「今日1日でうれしかったこと、ありがたかったこと」を5つ程度、書き出していくのもよい方法です。「喫茶店でおいしいコーヒーを飲めた」「今日は奥さんがお弁当をつくってくれてうれしかった」など、身近なところから書いていく。すると自分の感性が刺激されて、喜ぶことに敏感になります。そのうちに会社や取引先で感じた「うれしいこと」が増え、対象が広がっていくのに気づくでしょう。すると「自分は皆の好意によって生かされている」という感覚になり、「ありがたい。お返しをしなければ」という心境になるのです。「ありがとう」といわれたら、「こちらこそありがとう」と心からいえる。こういう関係はお互いにとって理想的ではないでしょうか。

また、より広く世の中によい影響を与えることも重要です。私たちが暮らしている日本社会、あるいは世界をよくしようという志をもち、行動を始めたら、大勢の人に喜んでもらえます。困難があっても喜びが大きいですから、心のなかに大きな力が湧き上がってきます。

志の強力なパワーを信じよう！

出る杭を打つような傾向のある日本社会ですが、それでも近年はだいぶようすが変わってきました。志をもって、新しいことをやろうとする人たちを認めて、評価するようになっています。何かやらなければ始まらない。そういう意識をもって、行動を起こす時代なのです。

しかし日本人には心の障壁があって、始める前から物事をあきらめる傾向が強いのです。サナギから脱皮して蝶になりたいと思っても、多くはサナギのうちに死んでしまう。本当にもったいないことなのです。

心の障壁はサナギを守っている殻のようなものでしょう。殻はサナギが蝶になるまでの間、危険から守ってくれますが、成長すれば必要のないものです。殻を破って外に出て羽ばたいたら、どれだけ美しい姿をみせてくれるでしょうか。

セミにしても土中に何年間も生息していますが、いつか木に登り、ミンミンと鳴きたいのです。土のなかで一生を終えるのは、あまりにも悲しい。やはり行動を起こさなければならないのです。

一度、志をもって「これをやりたい！」と思ったら、決して臆病にならないでください。「こんなことをしたら失礼ではないか？」「他人にどう思われるか心配だ」など、クヨクヨと考える必要はまったくありません。心の障壁に邪魔されないよう、遠慮なく前進してください。最初のうちは困難も多いと思いますが、あきらめずに続ければ志がさまざまな場所で増殖し、多くの人に受け入れられるようになります。

人に何かを頼む場合も、「ご迷惑では？」と慮り、躊躇してはダメなのです。必要ならキーパーソンにＯＫをもらうまで、１００回でもお願いをする。そうすれば１０１回目に受け入れてもらえるかもしれないのです。本当の意味での志があれば、「これは絶対に実現させなければならない」という意欲に駆られますから、どんなことでもできるはずです。「このことはご迷惑だと思うので、澁谷さんにお願いするのはやめました」などといわれると、「ああ、この人の志は低いのだな」とがっかりした気持ちになります。

自分自身を振り返っても、面識のない地方銀行の頭取に面会を申し込み、会いに行くというのは、大きな冒険でした。筆者は一介のベンチャー企業の経営者ですから、「おまえは何をしに来たのか⁉」といわれて侮辱されるかもしれないという恐怖心を抱いたものです。しかし、筆者のなかには「これからの地方銀行は連携して事業をしなければならない」という強い志があったのです。

日本の地方が活性化しない理由の１つに、各地域がバラバラで活動しているという部分がありました。たとえば東北６県が連携して、共同で展示会をすれば人はみに行くでしょう。しかし秋田県は秋田県、青森県は青森県で独自にやっているので参加しづらいのです。すべてにおいて各県ごとに物事を考えていて、こんなに小さな国でさえ協力関係がつくれない。これでは世界のマーケットとの競争でも、負けてしまうでしょう。

この部分に筆者は強い焦燥感を感じ、何とかしなければ、という志をもったのです。地方銀行の頭取・社長は皆さん、優秀な方ばかりですから、筆者の真剣な気持ちを感じとり、協力してくださったのだと思います。

感謝する心は非常に大きな力をもっていますが、志というのも強力なパワーをもっています。まず自分自身の気持ちに作用して、恐怖を乗り越える力をもらうことができます。そして相手に作用して「この人を応援しよう」という気持ちをもってもらえるのです。

「志をもつ」といいながら、実はお金を儲けたい、有名になりたいなど、中途半端な気持ちをもっている人は、徹底した行動がとれません。「私はこういうことを実現したいので、澁谷さんの力を貸してください」といわれても、いまは情報も豊富にありますし、人は疑り深いですから、自分の欲のためにやっていることはすぐに明らかになります。短期的にはパッと成果が出るかもしれませんが、絶対に長続きしません。いまの社会は「サステナブル（持続可能）」がキーワードですが、こういう心構えの人は決して継続的な成功を実現させることができないのです。

有力な人に近づくときも、志の有無が結果を左右します。力のある人ほど慎重に人をみますし、ある一定期間しっかりと付き合い、「この人は信頼できるし、本当の志がある」と思えば、助けてくれるでしょう。「この人は私の人脈を利用したいだけなのだ」と気がついたら、付合いは長続きしません。

人間は弱い存在ですから、みんな自分のことしか考えていません。しかし、それを精神の力と知性で乗り越える。志があれば、大きなパワーが生まれて、自分が予想する以上の新しい自分を発見できるのです。それが最終的にはあなただけのブランドになるのは間違いありません。

第４章

新しい働き方を始めよう

お上に頼っていられない時代

高度成長期を経て、バブルの時代まで、日本という国は1億総中流意識があり、社会全体に安定感がありました。誰もがそこそこお金をもっていて、そこそこ幸せを感じて豊かに暮らしている。そんなイメージです。

しかしバブルが崩壊してからの日本は、土地や株などの資産をもつ人ともたない人の間で貧富の差が大きく出てきました。２０１２年12月に安倍晋三氏が首相になってから株価は2倍以上上昇し、景気はよくなってきました。とはいえ株をもっている人は儲かったものの、もっていなかった人には恩恵はありません。その一方で円安になり、生活物価は上がり続けていますし、消費税の増税もありました。

1つのコミュニティーで暮らしていて、誰もが似たような生活レベルなら和気藹々《あいあい》とやれますし、互いに思いやりがもてます。しかし、あちらの人たちは資産数億円、こちらは預貯金がほとんどないという構図になるとコミュニティーは崩れてきますし、相手のことを思いやるような心境にもなりにくいのです。

その結果、地域で助け合って暮らすという世界観から、自分のことは自分で守らなければならない、という閉じた世界観になります。それが一部で独居老人や空き家の問題として表面化しているのかもしれません。

社会は常に変動していますから、この問題についても解決していかなければなりません。しかし日本人はこれらを「自分ごと」としてとらえるのが苦手ではないかと思うのです。

もともと日本は非常に災害の多い国で、地震、集中豪雨、台風、豪雪などによる被害がしばしば発生します。台風が来ると河川が氾濫し、土砂災害が起きる。大震災で津波が来る。自然の脅威は一個人ではどうにもならない問題なのです。

その一方で、日本という国は行政が優秀で、市民に避難命令を出し、指定された避難所に行くと、とりあえずの救護物資があり、支援してくれます。自分で物資を備蓄し、自己責任で避難するのでなく、最後のところでは地方自治体が、または国が助けてくれるという意識があるのです。

その影響かどうかはわかりませんが、私たちは知らず知らずのうちに自分たちの社会や生活のことを自分で考えず、「官僚や行政の人たちが何とかしてくれるのだろう」という意識に立って暮らしている部分が大きいのです。大手企業や官公庁に就職できれば終身雇用ですから、まずは安心ですし、後はその組織のなかで無難にやっていると自然と役職が上がり、給料が上がったのです。

他力本願のようですが、国が高度成長を果たし、活力にあふれていた時代なら、問題なく生活できたのです。しかし、さすがにこのシステムも限界が来ているといわざるをえません。十分な税収がないのに、社会保障費が30兆円を越え、今後も増加していきます。その一方で国債の発行も増えて、その額は1000兆円。将来世代への大きな借金です。

もう日本にはお金がないのですから、お上にお願いしても無理なのです。近い将来、医療保険でも年金でも現在の状況を維持するのは大変にむずかしいでしょう。

結局、頼るべきは自分です。自分自身の経営計画をつくり、自立した生き方をするのが唯一の処方箋ではないかと思うのです。海外では自立して生きていくというスタイルが中心ですから、少しずつ海外と同じ生き方が求められるようになってきたのかもしれません。

高度成長期の日本ではあまり主流ではなかった生き方かもしれませんが、やはり腕一本でやっていく。たとえ会社が合併して自分の部署がなくなってしまっても、柔軟性をもって生きていける。場合によっては独立してやっていける。そういう新しい働き方が必要になってくるのです。

知識・能力＋人間力＝成果

成熟経済のなかで成果を出すというのは、とてもむずかしいものですが、今後の日本社会を生き抜くために対策を考えなければなりません。

これからの私たちにとって必要な能力は、次のようなものが考えられます。

・基礎能力

基礎的な知識と社会人としてのベーシックなコミュニケーション能力。これはすべての働く人にとって必要なものです。

・専門能力
基礎能力を身につけたあと、続いて重要になってくるのが専門的な知識です。仕事をしていくなかで、自分が得意だと思う専門分野を発見し、さらに深く勉強して十分な専門知識を獲得しましょう。

・独自能力
より高みを目指したいという場合は、専門分野のなかでも他に追随する人がいないくらい学びを深め、第一人者になれたら理想的です。自分独自のものだといえるほど専門性が積み上がれば、社内でも優位に立つことができますし、将来、独立することも十分に可能です。

以上が一般的な能力・知識力についての考え方です。

しかし、今後の日本社会で成功するために、もう一点、絶対に欠かせない能力があります。それは人の心のあり方、人間力です。

・志、使命感

優秀な社員がいて、どれだけ専門能力があったとしても、それだけではなかなか成果は上がりません。これだけ価値観が多様化している社会のなかで、成功のために欠かせないものがあるのです。それは志や使命感、感謝の心といった、その人自身の人間力です。

「お客様のお役に立ちたい」「世の中のために役に立ちたい」「自分にはこういう使命がある」など、強い志をもった人が身近にいたらどうでしょうか。純粋な気持ちで頑張っているようすをみると、ぜひ応援したいという気持ちになりますし、その人がより仕事がしやすくなるよう、自然と心を配るようになります。

・感謝の気持ち

また、いくら志が強くても、「協力してもらって当たり前」のような態度をとっていたら、その人の人望はすぐに失われてしまいます。「お客様に感謝する」「世の中に感謝する」という謙虚な気持ちがあればこそ、周囲の人間も継続的にサポートし、成果が出るまで見守ってくれるのです。

また相手に喜ばれることを考えて実践することも、よい人間関係の構築にはぜひとも必要です。親しくなればなるほど、先方が自然と助けてくれますし、よい情報を流してもらえるのです。それが成功体験につながると、確実に自分が変わり、新しい視点をもてるようになります。

社会人として必要な「基礎能力」+「専門能力」+「独自能力」は、いわば獲得していて当たり前の分野です。これを天秤の左側に載せるとすると、右側には載るのは「志」「使命感」「感謝の気持ち」です。そして両方できれいにバランスがとれた人というのは本当の意味での成果を出せるのだと思います（別図参照）。

［別図］　成果を出すためには？

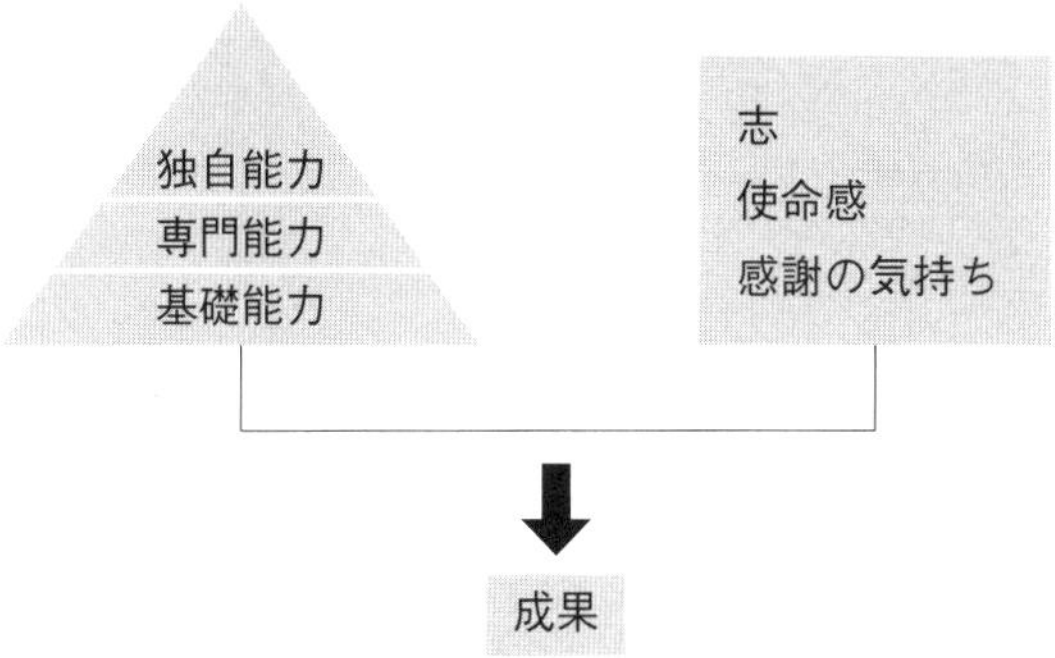

通常、研修などでは、もっぱら天秤の左側ばかりを学びます。しかし、それでは成果は出ません。天秤の右側を十分に意識した研修が必要なのです。

コンプライアンスを重視する

志というのは、仕事をするうえで非常に重要な存在ですが、本来の意味とは違うかたちで使われてしまうこともあるので注意が必要です。

よくある間違いが、「志＝会社の目標＝より多くの利益を出す」というかたちになってしまうことです。

利益を出すことができれば、何をやってもいいという発想になりがちで、コンプライアンスの重要性を忘れてしまうのです。極端な例をあげれば、たとえば賞味期限の切れた食品を売るなどして、一時的にお金を儲けようとするなど、まさにコンプライアンスなど関係なく、好き勝手なことをやってしまうのです。

目先の利益だけを追って野放図なことをしていると、それは企業にとっての致命傷になります。以前なら表に出なかったことも、ツイッターやフェイスブックなどで簡単にオープンになる時代なのです。

数字を追いかけるのは非常にわかりやすく、人を動かす方法としても効率的です。「今月の売上げ目標は○○円」と掲げて、社員にハッパをかけるというのは、よくある営業手法でしょう。

しかし事業を続けるうえで、本当に大切なものは何なのか。どんな志をもち、それがどんなかたちで社会の役に立つのか。これらをきちんと考え、鍛え上げたうえで、企業活動を行わなければ、長期的には必ず行き詰まってしまうのです。

逆のいい方をすれば、「お客様のお役に立ちたい！」「世の中のためになることをやりたい！」という志があれば、必ず商売はうまくいきます。そして揺るぎない倫理観をもつことができるので、トラブルなども起きにくくなるのです。

直接的に儲けようとしない

現在、筆者は数多くの講演やセミナーを開催し、講師として人の前に立って話をしています。しかし10年ほど前までは、まさかこのように大勢の人に自分の話を聞いてもらう立場になるとは思ってもいませんでした。

最初のうちは筆者の名前も、リッキービジネスソリューションという社名も知られていませんから、当然、依頼もありません。しかし、何かの機会でお声がけをいただいたら、報酬が低くても、喜んで講師を務めました。最初は実績が何もないのですから、無料で請け負っても構わないのです。無料だから、お試しだからといってもいっさい手を抜かず、レジュメをつくり、ストーリーを考え、これぞという講演をします。これを続けていれば、いつか周囲に知られるようになり、お金も払ってもらえます。時間をかけて、じっくりと取り組めば、仕事として依頼されるようになるのです。

また、筆者は自分の本をしばしば人にプレゼントします。すると相手は自分の大切な時間を2時間、3時間と割いてくれて、本を読んでくれます。誰もが共通にもっていて、最も貴重なものは時間ですから、これほどありがたいことはありません。感想文をメールや手紙で送ってくれる人もいますし、なかには「研修に使うからまとめて購入する」といってくれる人も出てきます。「講演をしてくれませんか?」と頼まれることもあります。

「本を販売して儲けよう」というのは直接的すぎるのです。最初は誰も筆者のことを知りませんから、本は差し上げる。その次で儲けようというかたちでOKです。

最近、筆者の周りでカラーコーディネートの仕事で起業した人がいて、「3時間、3万円でやります。いかがですか?」と誘われました。「私は忙しいので、とても3時間はとれません」というと、「それなら2時間でも大丈夫」というのです。しかし「無料でやるから」とは決していいません。だいたい世の中というのは「私はいつも

○○円でやっています。それ以下ではやりません」とすぐにいってしまうのです。しかし、それではお互いの間に信頼感がなかなか築けません。

そもそも、なぜ、最初から有料でやらないほうがよいのでしょうか。

たとえばある人を無料でカラーコーディネートしても、外見がすばらしく洗練されたものになったらどうでしょうか。その変化に気づいて、興味をもつ人もいるでしょう。「○○さんのコーディネートをしている」と人にいうことができますし、自然と宣伝になります。まさに無料の宣伝活動です。成熟経済では人間同士の信頼関係が重要になってきますから、回り道をしたほうが、結局はうまくいくことが多いのです。

ただし、そのためには余裕が必要です。経済的に厳しいと目先に追われ、「とにかく稼がなければ」と必死になります。そういう状態では心理的にも追い込まれ、逆に営業はむずかしいでしょう。新しい事業をする時は、まず十分に資金的な余裕をつくり、それからスタートすること。数カ月は給料がなくてもやっていけるだけの準備をすることが必須だと思います。

自己開示をしよう！

筆者が3冊目の本『逆境は飛躍のチャンス』（ＰＨＰ研究所、２０１０年7月）を書いた時、自らのキャリアはもちろん、結婚、家庭生活、妻の人柄、そして妻の病気と死まで、包み隠さず書きました。人によっては「なぜ、そこまで書くのか」と思った人もいたでしょう。でも筆者は公にしてもいいと決めて、書籍として発表したのです。

本が出てからは、読者の方々からさまざまな反応がありました。感想文をメールや郵便でいただいたり、直接お目にかかって読後感を聞いたりする機会が増えたのです。なかでも印象的だったのは「私も妻に先立たれました」という方々の言葉でした。筆者の体験談を読み、心を動かし、涙を流したという人が何人もいらっしゃったのです。

こういうプライベートな話は、よほどのことがなければ誰も口にしません。ましてビジネスで知り合った男性同士が胸襟を開くことなど、ほとんどないのが実情です。

しかし、筆者がどういう思いで妻を見送ったのかということを知ると、相手は心をふと開いてくれて、自分の体験を話してくれます。また、それを聞くことで筆者も慰められ、お互いに強く共感できるのです。すると２人は初対面であっても、ぐっと距離が縮まり、まるで古い友人のような気持ちがしてきます。

人と人との関係には、ある決まった法則があります。

自分が自己開示をすると、自然と相手も自己開示をしてくれるし、逆に自分が自己開示をしなければ、相手も開示してくれません。「出身はどちらですか？」と聞いて、返事をしない人に、自分の出身地を嬉々として伝えるでしょうか。出身大学名を絶対に内緒にしている人に、自分の出身大学名をいいたいと思うでしょうか。バックグラウンドや考え方がわからない人に対して、自分自身を開示することは怖いですし、当然、警戒感を抱きます。「僕は一橋大学なんだけど、あなたは○○大学ですか。同じ東京ですね」という具合に話が進めば、「ああ、この人はこういう人なんだ」と理解が進み、安心することができるのです。

他人のことを、まるで自分のことのように理解するのはとてもむずかしいと思います。まして、これだけ違う価値観があふれている世の中だからこそ、相手に関心をもち続け、観察し、会話をして内容を記憶し、理解を積み上げていくしかありません。そのとき、自己開示をすれば、相手も自分を出してくれるので、理解のための材料が増えていきます。その結果、互いの関係が深まり、ビジネスでもプライベートでもよい付合いが続けられるのです。

起業家をもっと評価し、大切にしよう!

日本という国は美しい自然があり、四季があり、食生活も豊かです。安心安全な社会ですし、震災などの大きな災害が起きても、暴動や略奪が発生することもありません。人々の教育程度が高く、行政もきちんと機能している。よいところがたくさんあるのです。

その一方で問題点もあります。いまは稼ぐ力が非常に低下していて、経済が思わしくありません。グローバルに戦える企業はごく限られ、かつて日本を支えていた家電産業などの市場は韓国・中国、そしてこれからはインドやベトナムなどに奪われていくのです。それに伴って貿易赤字がますます増大していくでしょう。石油価格の問題もありますが、このままでは私たちが長い時間をかけて積み上げてきた個人金融資産が海外に流れ出していく可能性が高まります。

そして国内の状況を振り返ると、日本は会社を新しく興そうという人が少なく、逆に会社をたたむ人のほうが多いのです。廃業率が開業率を上回っているのですから、会社や事業所の数そのものがどんどん減っています。海外では一般的に開業率のほうが高いので、新しい商品やサービスが生まれるチャンスも多いのですが、日本はその逆です。これは非常に大きな問題になってくると思います。

なぜ日本は開業率が上がらないのか。さまざまな要因があると思いますが、筆者自身、ベンチャー企業を立ち上げた経営者として、身に染みて感じることがあります。

日本は「お上思考」と「安定志向」が強すぎるのです。日本で尊敬される職業は公務員と大企業の社員や大学の先生、弁護士、会計士、医師といった人たちです。彼らは職業的安定性が高く、自分の子どもの結婚相手にはぜひ、そういう人になってほしいと願う人も多いでしょう。

その一方で、起業をしようとしている人たちは、十分に尊敬されているでしょうか。答は残念ながらＮＯなのです。

創業をしたいから、いろいろ教えてほしいと思って公的機関に行っても、特別親身になって教えてもらえる機会はあまりないでしょう。「冷たくあしらわれた」「たらい回しにされた」など、経営者からの苦情もしばしば耳にします。ベンチャー企業が大学教授のところに行って、産学協同をお願いしても、なかなか簡単には実現しないでしょう。なぜなら、ベンチャー企業は大企業ではないからです。

筆者自身、創業間もない頃はアポイントをとるのも大変でしたし、約束の時間どおりに出かけても、待たされることが珍しくありませんでした。「まだいたの？」などという心ない言葉も聞いたことがあります。銀行に勤めていた頃は、電話1本で会えた経営者にすら避けられるようになります。起業家になったということだけで、人間として尊重されないのです。

筆者の知り合いでベンチャー企業を立ち上げた人も、ほとんどがまたほかの人が経営する企業に戻りました。なかには起業に成功している人もいますが、非常に少数です。起業家というのは事業の不安定さから、社会的に評価されず、軽く扱われることが多いので、その苦しさに耐え抜くことは本当に大変なのです。

しかし、考えてもみてください。新しい日本の社会をつくっていくのは、どういう人たちでしょうか。既存の会社の存続も重要ですが、これまでにない産業をつくり、商品をつくり、雇用を生み出していく起業というのは社会の活力そのものです。こういう厳しい道を志し、フロンティアに挑戦する人をもっともっと評価し、褒める社会にならなければいけないと思うのです。

流動性のある社会を目指そう！

現在はどこの自治体も金融機関も、ベンチャー支援、創業支援を唱え、いろいろなサポート事業を行っていますが、実際の起業家はあまり支援を受けているという感覚はもっていません。

その温度差はどこにあるのかというと、やはり誰が支援をするかという部分ではないかと思うのです。アメリカなどでは、非常に成功した起業家がベンチャーキャピタリストになって支援をするというスタイルです。自らが起業を経験しているので、どのような人をどうやってサポートしたらいいのか熟知しているのです。

一方、日本では証券会社や金融機関で働いた人がベンチャーキャピタルに移って役員になり、そこで起業家をサポートするというかたちです。つまり資金を出す側が起業を経験していないので、起業家本人と事業のあり方をどうみたらいいのかわかりません。評価の仕方も支援の方法も手探りなのです。国や地方自治体の助成にしても、公務員の方々に、どれだけベンチャーのことがわかるでしょうか。

起業家によっては、プレゼンテーションが上手で、実際の経営はダメだという場合が少なくありません。すると支援側は「だまされた」という感覚になり、すべてのベンチャーに対して尻込みしてしまいかねないのです。

日本と外国で、ベンチャーの評価のあり方にこれだけの違いが出るのはなぜなのか。それはやはり労働市場の流動性のなさに問題点があると思います。

筆者自身は銀行で長年勤務したあと、ベンチャー企業の経営者になりました。まさに労働力が流動化したということになります。創業時は苦労しましたから、中小企業に対する共感が強く、コンサルティングをするにしても力が入ります。実体験を伴いつつ、銀行という異なる視点からものをみることができるので、起業家への助言もリアリティーがあるのではないかと思います。

日本はヒエラルキーが固定化されすぎた社会です。

大企業の社員は大企業のまま定年まで過ごし、大企業の人間同士で付き合います。中小企業もやはり固定化していますし、いまだに年功序列も残っていますから、後輩が自分より上には行かないと思っているのです。男性は女性が自分より出世するとは思いませんから、軽く扱う傾向もあります。

しかし、立場が逆転することがあったらどうでしょうか。

中小企業の経営者が官庁のトップになる。女性が引き上げられて役員になる。ベンチャー企業の社長が地方自治体の要職につく――。普通ではありえそうもないような人材の流動化が起こるのです。「この人はベンチャーの社長だから、自分より身分が下だ」と思い、粗雑にあしらった後、その人が自社の経営幹部になったらどうでしょうか。「あの時、冷たくしてしまった」ということを後悔しても間に合いません。最近では大企業でも、傍流にいた人が主流に返り咲くことも少なくないので、そういう変化が少しずつ出てきているのかもしれません。

世の中の目立たない場所で、一生懸命に頑張っている人材が日本には豊富にあります。多くの人には知られていなくても、能力が高い人は多いのです。そういう人たちが正当に評価され、社会的に重要な地位につくような流動性の高い社会になってほしいのです。

また流動性が高くなれば、大企業に勤める人にとっても、より住みやすい社会になるはずです。

現在は固定化社会ですから、大企業や銀行に勤めている人は安心しているでしょう。社名を出せば人が集まってきますから、それが自分の実力だと勘違いするのです。しかし会社を辞めたり、どこかに出向したりした途端に、世間はガラリと変わります。以前、あれほどチヤホヤしてくれた人が周りからパッたりといなくなりますから、その差は歴然で実に厳しいものです。

大企業も中堅中小企業も公務員も自由業の人も、皆が常に平等な立場で、互いを尊重しつつ付き合うことができたら、日本社会はどれだけノビノビと、暮らしやすくなるでしょうか。そしてヒエラルキーで物事を決めつけずに、社会問題を解決していこうという心をもった人が１人でも増えれば、どれだけ素晴らしいことかと思うのです。

常に柔らかい心で生きる

日本社会が固定化しているというのも、どこかで私たちそれぞれの心のあり方が影響しているとも考えられます。

私たちはそれぞれ社会人として頑張って働いています。会社では、それなりの責任ある仕事を受けもっていますから、周りからも一目置かれますし、「知らない」「わからない」と簡単にいえない場合もあるでしょう。

また、どんな人でも自我があり、プライドがあり、そしてコンプレックスがあります。

人間ですから、時にはコンプレックスを隠そうとして心がガチガチになり、外からの評価や価値観が何も入らない状態になることもあります。20代の後輩のアイデアがどれだけ素晴らしくても、「自分のほうが立場が上だ。私の知らないことは許さない」という守りの姿勢になり、結局は企業も自分も成長しないということもあります。立場を安定させるために、過剰な防御をしてしまうのです。

若い年代でも、なかなか心が自由になりません。実績も自信がなく、そんな弱い自分を隠すために内側に閉じこもり、周囲の意見を拒絶する人もいます。自己愛が強すぎるのです。

本来はもっと自分を客観視し、謙虚かつ素直な心境でいたいのに、それがなかなかできません。もっと自分をさらけ出して自由に生きたいのに、勇気が出ないのです。おそらく誰もがそういう悩みにぶつかることがあるでしょう。もちろん筆者自身も同様です。

その時はいったい、どうしたらいいのでしょうか。

答は１つしかないと思います。「修練」です。スポーツのトレーニングと同様、常に謙虚でいるよう反芻し、心に上書きをしていくのです。

ストレッチ運動でも、ちょっとサボれば、すぐに体が硬くなります。それと同様に心のあり方も、うっかりしているとプライドやコンプレックスでガチガチになります。ですから身体と同様、心も鍛えましょう。「常に謙虚であれ！」と繰り返し言い聞かせるのです。毎朝起きて、顔を洗ったら、洗面所の鏡をみて「今日も謙虚で生きよう！」と復唱するとよいのです。

自分より年上の人、力のある人にはすぐに謙虚になれる人でも、年下や女性に対しては素直になれない場合もあります。これもぜひ「修練」し、壁を克服しましょう。「私は誰に対しても謙虚でいよう！」と決心し、日々繰り返す。たったそれだけのことですが、続ければ必ず心に作用するのです。

励ましあって不安を乗り越えよう！

常にポジティブでいたいと思っても、時に人間は不安に襲われるものです。

特に筆者は起業をしたので、創業当時は経営が心配で、また子育てにも奔走しなければならず、不安のあまり免疫力が低下していたのでしょう。毎月高熱を出し、フラフラしながら仕事をしていました。もちろんいまでも経営のことは常に心配で、プレッシャーもかかります。おそらく多くの経営者が、筆者と似たような経験をもっているのではないでしょうか。

一方、サラリーマンの方々もノンビリとはしていられません。大企業に就職したら安心かと思えば、最近は合併や統合が頻繁に行われます。すると自分のポジションがどうなるのか、誰にもわからないのです。

公務員も同様です。人口減少が続けば、道州制が実施され、いくつもの県が1つになってしまうかもしれません。すると県庁の数そのものが減り、公務員も削減ということになりかねません。

そもそも高齢化で年金システムも心配ですし、自分の仕事がこの先、10年20年存続するのかどうかすらわからないのです。つまり誰にとっても未来がみえにくい。それが成熟経済の日本社会のあり方なのです。

ここで重要なのは、不安な気持ちにどう立ち向かっていくかです。不安と闘う抵抗力、不安への免疫力をつけていく。メンタルを強くしていくことが求められているのです。

こういうとき、孤独のなかでクヨクヨと考えていては、決して答は見つかりません。余計に不安が高まり、ネガティブなことばかり思考するようになるのです。１人では考えず、友達や同僚、心を許しあえる人と会って、話をしましょう。お互いに褒めあい、励ましあう。アドバイスや支援を受けながら、会話のなかでポジティブな力を得ていくのです。

なかでも重要なのが「前向きなことをいってくれる人」です。いろいろ心配なことがあっても、「大丈夫だよ」とほがらかに答えてくれる人が身近にいると、どれだけ心が救われるでしょうか。人付合いをおろそかにせず、ぜひそういう友達・仲間をつくりましょう。自分を無条件に応援してくれる人が1人でもいれば、不安への抵抗力がグッと強くなるのです。

また気持ちを切り換えるために、趣味の時間をもつことも効果的です。

ゴルフが好きな経営者は少なくありませんが、何も健康のためだけに朝からコースに出るのではありません。やはりプレー中は何もかも忘れてスッキリできる。仕事を忘れて無我夢中になれる。その精神的効用が大きいのです。

芸能が好きな人たちが舞台や映画、宝塚などをみに行くのも、同様の効果があるのだと思います。華やかなもの、美しいものをみて心が癒され、ストレスや不安を解消しています。悲しい映画をみて涙を流すというのも、心のリフレッシュになるのです。

気分転換というのは、単に目先を変えるということではなく、不安を押さえ込んで生きていくためにも必要な作業です。これほどストレスフルな社会になると、元気に仕事を続けるため、心の健康維持も非常に大切なことなのです。ですから真剣に趣味に打ち込み、友達と会って話し込み、常にポジティブな気持ちを維持し、新しい視点を得られるよう活動する必要があります。

ポイントは「決して1人で考え込まないこと」「自分探しをしないこと」です。それでも1人で悩んでしまったら、誰にも相談できなかったら、このポイントを思い出してほしいと思います。

私たちは、世の中に対してよいことをしていれば、決して見捨てられることはありません。自分はこの世の中に存在する意義があるのです。

筆者自身、この考え方にどれだけ救われたかわかりません。「自分には生きる意味がある」と気づけば、光がみえてきます。そして目の前に深く降りている不安の霧も、きっと晴れていくと思います。

第5章

男女が助け合って生きていく

女性の企画力・発想力はすごい!!

かつての日本はものづくりに邁進し、家電や自動車の製造など、高度経済成長社会で求められるものをどんどん供給し、成長してきました。その後、国内には必要な消費財がすっかり行き渡り、車もテレビも冷蔵庫も買換え需要くらいしかありません。当然ながら、製造工場はどんどん海外に流出していきました。

そして、現在の日本はどうなっているでしょうか。

少子高齢化の影響が、社会に日々インパクトを与えている現在、私たちが必要としている産業・サービスといえば、福祉、介護、医療、教育、子育て支援、暮らし、食の安全などが中心です。これらの問題解決には、男性の発想力だけでは確実に限界があります。人の痛みや悩みを我が事のように共感できる女性の能力が今後、どれだけ必要とされるでしょうか。まさに女性が得意とする分野といっても過言ではありません。

社会構造の変化に伴って、女性の感性、ものの見方、発想力は今後、ますます求められますし、日本社会をよりよいかたちに変えていくために、彼女たちの能力は欠かせません。優れた企画力、行動力をもつ女性は大勢いますし、活躍の場は広がっています。女性にとっては大きなチャンスの到来ですから、よいアイデアがあれば、どんどん起業してもらいたいのです。少子高齢化で生産年齢人口が減っているから、女性に働いてもらって労働人口を増やそうなどという、補完的な役割では決してありません。

しかし日本の現状をみると、残念ながら、まだまだ男性が中心になっています。日本には県知事、市長、町長、村長など、地方自治体の首長という立場にある人が約１８００人いるそうです。そのなかで女性は何人いるでしょうか。

答はたった26人です。せめて半分の９００人、あるいは4割近い７００人ぐらいは首長として活躍する女性が必要でしょう。

福祉・介護・子育てなどは元来、女性が担っている部分が非常に大きく、おそらく現場の第一線には大勢の女性が働いていると思います。そこには無数のノウハウなりアイデアなど、よいものが生まれているはずなのに表面に出てきにくく、また女性に決定権がないので、あらゆる分野で変化が生まれにくいのです。ここに日本の閉塞感の源があるのではないでしょうか。日本が生まれ変わっていく機運をつくるのは、女性たちの本格的な社会進出と活躍にあると筆者は思います。

女性支援は行政が、男性支援は会社がやる

女性が働き続けるためには、当然ながら、育児などの際の社会的支援が必要です。保育所などの整備はどんどん行わなければなりません。それと同時に、父親も育児参加するためのサポートが欠かせないでしょう。

子どもが小さいと、急な発熱など突発的な病気にかかることがあります。そうなると、たいていは母親が会社を休んだり、早退して保育園などに走ったり、お迎えや病院の送迎をしたりするのです。すると母親の負担が大きくなり「なんで私ばかり休まないといけないの⁉」という不満が募るのです。

しかし本来、こういうケアは父親でもできることです。

筆者の会社では男性が育児のために、休みをとることはまったく問題ありません。先日も子育て中の男性社員が朝から会社を休み、夕方、短時間だけ出社しました。仕事を終えて帰ってきた妻と入れ替わりで、会社に顔を出したのです。また夕方5時のお迎えに男性社員が出かけていき、後から帰宅した妻とバトンタッチして、夜また会社に戻ってきたというパターンもあります。子どもがインフルエンザになれば、数日間は保育園を休まなければなりません。そういうとき、2日間は夫が休み、3日間は妻が休む。そんなかたちでも、かなり女性を助けることになるでしょう。

女性の側も、家庭のなかに夫が入ってきて、何から何までやってほしいとは思っていないのではないでしょうか。急に熱を出すなど突発的に困った事態が起きたら、サッと手助けしてほしい――そういうニーズが高いと思いますし、それができれば夫婦仲は円満になり、精神的にも落ち着いて、いい仕事ができるのです。

女性へのサポートは行政がさまざまに手がけていますが、男性へのサポートは行政ではできません。結局、最も効果的なのは会社の理解と支援なのです。

「これから会議なのだけど、子どもの迎えを頼まれた。どうしようか?」と男性も悩みます。皆は「行っても大丈夫だ」と声をかけてはくれたが、本当はどう思われているのだろうかなど、いろいろと考える場面もあるでしょう。男性社員にそういう心配をさせず、「はい、どうぞ」と許可を出し、明るく送り出せる会社の雰囲気をつくることが重要なのです。男性も子育てに積極的に参加できるよう、会社が真摯に心配りをすれば、どれだけ子どものいる家庭が助かることでしょう。

また男性はこれまで、自分の家庭のことを外の人間に対して話すことは、どこか格好が悪いと思いがちでした。また子どもが何人いるのか、いま何歳なのか、育児は大変なのかなど、女性なら常に聞かれることを、男性はほとんど尋ねられることもなく過ごしています。しかし育児には緊急を要することもあるのですから、男性も自己開示をしておく必要があります。

それまで家庭のことは一言も告げず、何かあったときだけ急に「休みたい」といっても、上司は驚いてしまうでしょう。あらかじめ「うちの息子は3歳で身体が弱く、熱を出しやすいのです」などと伝えておけば、いざというときにスムーズな行動がとれるのです。男性も育児に対して積極的に動くことで妻の信頼を得て、幸せな家庭生活を送れるのだと思います。

女性も仕事を続けてほしい

筆者の周りでも、優秀な女性が妊娠を機に仕事を辞めてしまう例が少なくありません。非常に残念なことで、もし状況が許せば、ぜひ働き続けてほしいと思います。

また育児のために数年間、専業主婦をして、子どもはある程度大きくなったものの、「もう世の中についていけない」と思って復帰をあきらめてしまう人がいるのも、もったいない限りです。子育ての合間の短時間勤務から始めてもいいし、在宅勤務という方法もあります。20代、30代、場合によっては40代以上であっても新しいことをどんどん吸収できますし、問題なく現場に戻れるので、怖がらずに挑戦してほしいと思います。

子育てというのは、非常に奥が深く、価値のある体験ですから、女性たちにとって大きな自信になっているはずです。その経験とスキル、ノウハウは社会にとっても意味があるのです。それをどのようにいかし、役立てていくのか。方法はたくさんあるでしょうし、それをみんなで支えていかなければいけないと思います。

日本という国は、普通のことをコツコツとまめに続けていると、周囲から信頼感を得ることができます。

欧米のようにベンチャーで当てて大金を儲けようというアメリカンドリームのような発想は少なく、一発勝負や戦略・作戦はいらないのです。真面目にきちんとやっていけば、必ず生き残ることができる。コツコツとやっている人を評価する――そういう精神風土が宿る、優れた社会なのだと筆者は思っています。

そういう点でも、能力が高く、真面目で持続力のある女性は今後、ますます活躍できる時代になっています。子育てをしながらでも夫婦で協働し、ぜひ女性の働き続ける力を伸ばしていってほしいと心から思います。

女性はリスク感覚が強すぎる

生来、コミュニケーション能力が高く、さまざまな分野で能力の高い女性たちですが、その一方で欠点もあります。筆者は大勢の女性たちを仕事の現場でみていますが、時々、残念だなと思うことがあります。その1つが「強すぎるリスク感覚」です。

仕事の現場でも、また人生を生きていくうえでも、リスク感覚に優れているというのは重要な能力です。特に女性はいろんな面で不利を被ることもありますから、リスクを考え、危険を避けようという行動を自然ととっています。これは普段の生活を送るうえで必要なことでしょう。しかし「何か新しいことをやろう」というとき、この高すぎるリスク感度が逆に足かせになることもあるのです。

たとえば女性経営者に「こういうことをやるといい」とアドバイスをしても、顧問や役員などが「その意見は正しいけれども、こういうリスクがある」などというと、そちらについていってしまうのです。「リスクがある」という意見をいってくれる人を重用し、そういう意見を常に探し求めるというような行動をとってしまうのです。「まずはやってみたらいいじゃないか。やらないとわからないよ。やったらうまくいくかもしれない」と勧めても、結局は動けない。リスク負けしてしまうのです。

こういう姿をみていると、「結婚する」というアクションと共通する部分を感じます。20代半ばくらいだと、男性のことも、社会のことも、十分な知識がないために恐れを知らず、ポンッと結婚に踏み切ることができます。しかし30代に入ってくると、「彼は浮気するかもしれない」とか「神経質なところがある」など、いろんな情報が入ってきてリスクを計算し始め、どんどん身動きがとれなくなるのです。

また周囲の目を気にしすぎるのも女性の特徴ではないかと思います。

いったん心を許すと、男性なら自分の考え方、思いなどを忌憚なく語り合います。ビジョンや社会的使命など、青臭いことでも酒を飲みながらワイワイと打ち明けてしまうのです。

しかし女性はなかなか自己開示をしませんし、本心はいわないのです。周囲の人に「こんな風に思われたら困る」「あの人はこんなことを考えているんだと思われたくない」など、心配論理が先に立ってしまうのでしょう。常に人の輪のなかにいたいし、そこから外されることをとても恐れます。何かあったときに自分がはじかれるのが嫌だから、責任をとる立場を嫌がる傾向にあるのです。

また「一緒に新しいことをやろう！」と声をかけられても、他の人から何といわれるかをまず気にしてしまう。そして自分の行動を縛ってしまうのです。

たとえば以前、女性社員に「今度、○○銀行の頭取に会いに行くから、一緒に行きましょう」と誘ったところ、彼女は先輩の女子社員の目が気になり、「○○さんにどう思われるか心配だ」というのです。「彼女には私がいっておくから大丈夫だ」と助け船を出しても、「いや、ちょっと」と尻込みしてしまう。それで結局、頭取に会う機会を失うとすると、それは本人にとってプラスなのでしょうか、マイナスなのでしょうか。

その辺りのことを女性も賢く考え、勇気をもって、よい判断をしてもらいたいと思うのです。

「あの時、助けてよかった」といわれたい！

新しいことを始めると、前向きの意欲がどんどん出て、才能が発揮されます。これまでにやったことのない分野に挑戦すれば、潜在能力が必ず活性化するのです。たしかに、経験のないことに挑戦すればリスクは伴います。しかしリスクがあるからリターンがあり、だからこそ挑戦する意味があるのです。

筆者自身、常に挑戦をしていきたいと心がけている人間なので、「こういう新しいことをやりたいのだが、澁谷さんはどう思いますか？」と若い人にアドバイスを求められると、うれしい気持ちになります。よいアイデアなら筆者も応援したいと思うので、できることならお手伝いします、と答えるのです。

ところがこのとき、男性と女性とでは反応が違う場合があります。

男性は比較的スッとこちらの援助を受けて活動を始めます。まずやってみてから、いろいろと考えるというパターンです。しかし女性の場合、なぜか腰が引けて「いえ、結構です」と断ってきます。

彼女たちは先回りして、いろいろなことを心配し、場合によっては裏があるのではないかと恐れ、「お金が払えません」「お返しするものがありません」というのです。「別に私は何もいりません」と答えても、やはり遠慮して去っていってしまいます。これは実にもったいないことだと思います。

実は筆者自身、起業した時は大勢の人に助けてもらいました。アフラック創業者の大竹美喜さん、プラスの今泉嘉久会長をはじめ、ひとかたならぬサポートをいただいた方が何人も頭に浮かびます。創業時の筆者は、女性起業家たちと同様、「お金が払えません」「お返しするものがありません」という状況でしたが、彼女たちとは違う発想をしたのです。

いまは何も返せない。しかし必ず10年後、「あの時、澁谷さんを支援してよかったな」と思ってもらえるよう、死んだ気になって頑張ろう――。

そしていま、筆者は講演などの機会があれば、大竹さんや今泉さんがどれだけ素晴らしい哲学をもっているかという話をし、本にも書きます。そういう行動は必ず周囲に伝わり、長期的にみれば恩返しになるのだと思うのです。

長い目で物事をみるというのは、たしかになかなかむずかしいことだと思います。

しかし、支援する側もお金だけで動いているわけではありません。「創業時の苦しい時に助けていただいたから、いまの自分がある」と10年後にいってもらうだけで、どれだけうれしいことか。経済的メリットがあればいいですが、別になくてもいい。その言葉だけで満足できるのです。支援を受ける側も、そういう発想をもってリスクに立ち向かい、目標に向かって進んでほしいと思います。

自分だけの師を見つける

とはいえ、誰に支援を受けるのかということは非常に重要な判断です。

そのときに見極めたいのは、その人のものの考え方や哲学が尊敬できるかどうか、ということです。そして「この人は素晴らしい」と思ったら師と仰いで、何を措いてもついていく心構えが必要です。それをする、しないで人生は大きく変わってしまうからです。

では、自分の師をどうやって見つければよいでしょうか。

それは、自分の考えや発想にはない視点をもっている人かどうかで判断できます。

筆者も起業前後にさまざまな方に知り合う機会がありましたが、そのなかでも前出の大竹美喜さん（アフラックの創業者）は素晴らしいと思い、夢中になってついていったのです。

筆者が大竹さんに会った時、彼は「感謝と奉仕が大切だ」ということを真面目に、真っすぐに語ってくれました。それを聞いて、筆者は本当に驚いたのです。それまで何十年も社会で働いてきて、「感謝と奉仕」という言葉をいう先輩は誰もいませんでした。「頑張って働けよ。目標を達成しろ。収益目標はこうだ」などという先輩ばかりに取り囲まれて、それが当然と思っていたのです。

また、大竹さんはゼロから立ち上げた事業を成功させ、創業者として社会的にも影響力をもっていました。それも大切なポイントです。優れた経歴をもっている人、成果を出している人、成功した人には、その人なりの要素があり、それが１つの判断基準になります（ただし、金銭的に成功した人がイコール師になるかどうかは別です）。

筆者は大竹さんと知り合い、衝撃を受け、人生観がまったく変わりました。人生で最も大切なものは志であり、使命感であり、感謝する心なのだと教わったのです。その根底にあるのは、まず人のことを考えなさい、関心をもちなさいということ。自分のことばかり考えず、それどころか、まず自分をゼロにすることです。自分のことはまったく考えないほうが結果的にもいいのです。

たとえば、いま仕事の現場で聞く「目標達成」とは何を意味しているでしょうか。それは会社のためになっているかもしれませんが、お客さんのためになっているかどうかは別なのです。

高度経済成長の頃は、会社の目標と社会のニーズは同じ方向を向いていました。誰もがほしいと思っている安い家電製品を普及させるという企業の目標は、一般市民の願いでもあったのです。

しかし成熟経済になると、そう簡単にはいきません。あなたの勤めている部署でやっていることが、お客様のニーズにマッチしていない可能性もあります。実は顧客が必要としていないものを、うまくいいくるめて売りつけているだけかもしれません。本当に相手のためを思っているのかどうか、よく考えなければならないのです。

自分をゼロにして、まず相手を考える。その結果、仕事の面でも本当の意味での成果を上げられるのではないかと思います。

1人の人についていく――「弟子入り」

もしあなたの素晴らしい師が見つかったとして、ぜひ実行してほしいのが「弟子入り」です。1人の偉大な人の仕事のやり方、人生観、考え方などを学ぶのは非常にむずかしく、また時間がかかるものなのです。ある程度の修養期間が必要になると考えましょう。

筆者はアフラック創業者の大竹美喜さんという師と出会い、大竹さんを理解するため、世界中どこへでも追いかけて行きました。大竹さんは「揺れても沈まず」「感謝と奉仕」「たくさん失敗すると失敗しなくなる」など、いろんな言葉をいわれましたが、最初はよく意味がわからなかったものです。奉仕をしてもお金は儲かりませんから、「何をいっているのだろう?」という感覚でした。

それでも筆者は3年間、弟子入りしたつもりで、ひたすら大竹さんについていきました。当然、費用も自腹ですが、勉強のためと思えば、まったく苦ではありません。そのうち、私設秘書のように信頼していただけるようになりました。すると、筆者のなかでも段々と理解が深まり、自分の内面も変わっていったのです。誰に対しても平等に対応し、きちんとお礼をいう、必ず礼状を出すなど、大竹さんが日頃、当たり前に実行していることの意味・意義もわかるようになり、「自分から与える」「喜ばれることをする」という大竹さんの言葉が身に染みていきます。そして、自然と筆者の哲学になっていったのです。

やはり「経験する」「体験する」ということは非常に大事です。それは表面だけの知識に終わらず、確信につながるからです。そのためにも自分のなかに閉じこもらず、外に出て、そういう場を知り、体験をすることです。臆せず出ていくということを自分に課せば、必ず成果があります。

そして、時間をかけて学ぶことを忘れないでほしいと思うのです。

男性の場合、「この人の考え方は凄い、尊敬できる」と思ったら、何年にもわたって長期間ついていく傾向があります。しかし女性の場合、「この人がいい」と思うと、パッとついていきますが、「あちらにいい人がいる」と思うと、今度はそちらにパッと移っていくパターンが少なくありません。目移りしやすく、どこかで「いま、この人についていくと自分にとって安全だし、メリットがある」という感覚になっているのかもしれません。それは女性の本能的な能力かもしれないのですが、こと「弟子入り」という意味では十分な学びができず、自分の成長の妨げにもなります。

コンサルティングという仕事上で出会う女性経営者も同様です。一度、こちら側と契約を結んでも、また他の人が出てきたらパッと契約を変えてしまうことがあります。すると、「次も、どうせすぐに契約が終わるのだろう」という気持ちになり、女性経営者に対して本腰を入れたコンサルティングがむずかしくなるのです。やはりつまみ食いでは、本当の味はわからないのではないでしょうか。

「1人の人についていく」「弟子入りする」という感覚を女性にももってもらうと、

より力強く成長できるのではないかと思うのです。

最初に井戸を掘った人を忘れない

もう何年も前のことになります。筆者が大好きで、しばしば通っているフランス料理の店「オテル・ドゥ・ミクニ」を大竹さんにご紹介したことがあります。するといまでも「澁谷社長様、また今度、ミクニさんにお世話になります」と、わざわざご報告をいただくのです。

お店を気に入っていただけたのだなと思い、ご連絡をいただくたびに筆者はうれしい気持ちがしますすし、最初にご紹介してから何年も経っているのに、その丁寧さに感動します。また筆者のほうからも店に電話を入れて、「今度、大竹さんが行かれるということなので、よろしくお願いします」と一言添えることができるので、ありがたいのです。こういったやりとりは人間関係を構築するうえでも、とても重要だと思っています。

紹介というのは非常にむずかしい行為で、お互いの人間関係を深くもし、またときには問題が起きてしまうこともあります。

紹介する側には常にリスクがあります。もし問題のある人物を先方に紹介してしまったら、紹介者の信用も失墜してしまうからです。ですから紹介された人は、話が進んだら必ず紹介者に成り行きを報告する必要があります。「こういう流れで、こういう結果になった」という話をしておけば、紹介者の信頼に応えることができるのです。これは最低限のビジネスマナーで、決して忘れてはならない重要事項です。

たとえば、筆者がAさんをB社の社長に紹介したとします。Aさんは筆者に経過報告もなく話を進めて、後日、「先日、紹介いただいたAさんとは、こんな仕事をすることになった」などとB社社長に告げられたら、筆者はどんな気持ちになると思いますか？「あれ、澁谷さん、知らなかったんですか？」などいわれた日には、まるで裏切られたような感覚になり、ガックリして、もう二度とAさんには人を紹介しないでおこうと決心するでしょう。たった一言の報告の有無が、今後の人間関係を広げたり、縮めたりします。人間関係は思ったよりも、ずっと繊細で、もろいということを知っておかなければなりません。

「水を飲む者は、最初に井戸を掘った人を忘れてはいけない」という中国の諺があります。

何もない地面を掘り、井戸をつくるというのは本当に大変な行為です。地面を掘り進むうちに土砂崩れにあって、生き埋めになるかもしれません。せっかく掘っても水が出ず、努力が水の泡になり、それでもあきらめずに新しい土地で掘り始めるかもしれません。後から続く人は、井戸を掘った人の努力の上に立っているのですから、その恩は決して忘れてはならないのです。

この厳しい社会のなかで、自分が困ったときに助けてくれる人、自分に関心をもち、自分に気をかけてくれる人はいったい何人いるでしょうか。そういう人が自分のことを思って、親切に誰かを紹介してくれたというご縁は、とことん大切にしなければならないのです。

読者のなかにも「あの時、あの人に紹介してもらったものの、その後の報告を忘れているな」という経験があるかもしれません。そのうちに報告しようと思っていて、ついタイミングを逸してしまったのかもしれません。失敗をすると、誰でも逃げ出したい気分になるでしょう。しかし勇気を出して逃げずに、必要があればきちんと謝り、紹介者の恩に報いることが大切だと思います。

感謝の気持ちで厳しい時代を生き抜こう！

先日、筆者の講演を聞き、筆者の著作を読み、自分の行動様式を変えたという青年から、とてもうれしい話を聞きました。

これまで自分だけに関心をもち、自分を最優先に思ってやってきたが、その考えを変えて、皆のことを第一に考えてやるようになった。すると周囲の人が自分を助けてくれたり、アイデアをもってきてくれて、社内のアイデアグランプリで準優勝した

――というのです。

この人は筆者のいうことをしっかり理解して、すぐに成果を出してくれました。本

当にうれしいことです。「まず相手が喜ぶことをする」という行動をとれば、思ったより、ずっと早く変化が出ますし、何より自分が成長します。

これからの日本はいろいろな意味で、ますます厳しくなりますし、貧富の差も大きくなるでしょう。だからこそ、なるべく早く、社会に通用する技を身につけなければなりません。真剣に学び、頭を使って行動する人は勝つでしょうし、不安を感じつつも日常に甘んじて学ぼうとしない人は苦しくなります。まだ日本社会には余力があるので、いまのうちに勉強し、自分をどんどん進化させてほしいと思います。いよいよ追い詰められて「いまから頑張ろう」と思っても、間に合わない可能性もあるのです。

どのように自分を変えたらいいのでしょうか。悩んだら、まずは原点に立ち返り、本書に書いてあることを実践してほしいと思います。

私たち人間は一人ぼっちでいると、とても弱い存在です。それなのに自分のことばかり考えていると、他人の視点がまったく耳に入らず、感謝されることもありません。互いに協力しあい、協働して社会を営むことが何より重要で、そのための基本的な考え方、行動の仕方を知っていれば、意外と簡単に人間関係を築けます。「まず相手の喜ぶことをしよう」「人から贈り物をもらったら、必ず感謝の気持ちを伝えよう」など、知っていれば苦もなく実践できますし、その効果もすぐに出てくるのです。

本書を参考に、自分を高める方法、そして人とのコミュニケーションを盛んにする方法をぜひ身につけていただきたいと思います。

誰に対しても「やってくれないのが当たり前」と思い、いつも感謝する。「人のために役立つ」ことを目標設定の基本にする。損得を越えた相互協力を心がける――。それらの心構えがあれば、きっとうまくいきます。そして自分の得意分野をどんどん伸ばして、ぜひ幸せで豊かな社会生活を営んでほしいと思います。

■著者略歴
澁谷　耕一（しぶや　こういち）
一橋大学経済学部卒、ニューヨーク大学大学院中退。1978年４月日本興業銀行入行、ニューヨーク支店（日系営業担当）、企業金融開発部（米国投資・M&A担当）、日本橋支店（営業第５班長）、香港支店副支店長、企業投資情報部副部長（海外投資・M&A担当）を経て、2000年10月みずほ証券公開営業部部長。2002年３月同社を退職。2002年５月リッキービジネスソリューション株式会社設立、代表取締役就任。2013年４月神奈川県政策顧問就任。
メールアドレス　rbs-shibuya@rickie-bs.com
〔おもな著書〕
「逆境は飛躍のチャンス―妻を亡くしたシングル・ファーザー、48歳で起業する」（PHP研究所）、「事例に学ぶ法人営業の勘所―ソリューション営業の極意」（共著）「経営者の信頼を勝ち得るために―営業職員のコミュニケーション術［第２版］」「［KINZAIバリュー叢書］経営者心理学入門」（以上、金融財政事情研究会）

視点を変える
――仕事で成功する発想法

平成27年８月27日　第１刷発行

著　者　澁　谷　耕　一
発行者　小　田　　　徹
印刷所　図書印刷株式会社

〒160-8520　東京都新宿区南元町19
発　行　所　**一般社団法人 金融財政事情研究会**
編　集　部　TEL 03(3355)2251　FAX 03(3357)7416
販　　　売　**株式会社 き　ん　ざ　い**
販売受付　TEL 03(3358)2891　FAX 03(3358)0037
URL http://www.kinzai.jp/

ISBN978-4-322-12687-7